Os três nãos de Deus

Os três nãos de Deus

Porque apenas a graça basta

TIAGO CAVACO

Copyright © 2025 por Tiago Cavaco

Os textos das referências bíblicas foram extraídos de *A Bíblia Para Todos* (BPT), da Sociedade Bíblica de Portugal, salvo indicação específica.

Todos os direitos reservados e protegidos pela Lei 9.610, de 19/02/1998.

É expressamente proibida a reprodução total ou parcial deste livro, por quaisquer meios (eletrônicos, mecânicos, fotográficos, gravação e outros), sem prévia autorização, por escrito, da editora.

Edição
Daniel Faria

Revisão
Ana Luiza Ferreira

Produção
Felipe Marques

Diagramação
Gabrielli Casseta

Colaboração
Guilherme H. Lorenzetti

Capa
Jonatas Belan

CIP-Brasil. Catalogação na publicação
Sindicato Nacional dos Editores de Livros, RJ

C363t

  Cavaco, Tiago

    Os três nãos de Deus : porque apenas a graça basta / Tiago Cavaco. - 1. ed. - São Paulo : Mundo Cristão, 2025.
  112 p.

  ISBN 978-65-5988-408-7

  1. Evangelismo. 2. Vida cristã. 3. Espiritualidade. I. Título.

24-95264   CDD: 253.7
                                                           CDU: 2-766

Gabriela Faray Ferreira Lopes - Bibliotecária - CRB-7/6643

Publicado no Brasil com todos os direitos reservados por:

Editora Mundo Cristão
Rua Antônio Carlos Tacconi, 69
São Paulo, SP, Brasil
CEP 04810-020
Telefone: (11) 2127-4147
www.mundocristao.com.br

Categoria: Espiritualidade
1ª edição: fevereiro de 2025| 1ª reimpressão: 2025

Aos pregadores que mudaram a minha vida, como o
Tio Teo, o João Saramago e o Keith Hodges

Sumário

Prólogo   9

  1. A pior igreja da Bíblia   19
  2. O horror ao vazio   51

Epílogo: (ou O fim do sermão)   79

Apêndice: O excessivo ABC do nerd   83
Sobre o autor   111

Prólogo

Tornei-me cristão aos 6 anos. Tornei-me batista aos 14. Tornei-me calvinista pelos vintes. Senti a tentação de me tornar católico pelos trintas. Só me tornei realmente evangélico aos quarentas.

É óbvio que se tivesse de escolher apenas uma das designações, seria a primeira. Mas é também a primeira designação, de cristão, que hoje facilmente pode significar menos. Quando tanta gente famosa se torna cristã e até velhos ateus se afirmam cristãos culturais, o que é ser cristão, afinal? Para muitos, ser cristão passa mais por uma posição em relação ao estado das coisas do que por uma posição em relação a Cristo.

Para quem se assusta com o rumo destravado do mundo, ser cristão pode ser uma tentativa sincera de freá-lo. E nesse esforço compreensível, a maior atenção é dada às circunstâncias que precisarão de Jesus como um auxílio. O risco é que ser cristão se torne mais um meio do que um fim. Se ser cristão resolver aparentemente os males do mundo, cristão o mundo precisará ser também.

Tendo em conta que esses assuntos arrastam milênios de grandes debates, alinho numa grande simplificação: o cristianismo cultural nasce da tentativa bem-intencionada de curar os males do mundo. Dependendo de quem diagnostica esses males, a própria receita de cristianismo terá de se adaptar ao tratamento que pareça mais eficaz. Para o caso que nos calha em sorte, na terceira década do século 21, o cristianismo evangélico parece não dar conta do recado.

O cristianismo evangélico parece só resultar numa fase muito precoce do reconhecimento da doença. Mal o paciente começa a melhorar, exige formas mais sofisticadas e complexas do tratamento. Afinal, os evangélicos revelam mais tarde sofrer de boa parte dos problemas que no mundo queremos curar: não transmitem a harmonia e a história ideais. As práticas evangélicas claramente não se mostram capazes. Os olhos não veem as soluções sonhadas.

Se quisermos ser sinceros, os cristãos evangélicos não são assim tão menos desgraçados do que o mundo. E foi no reconhecimento lento dessa mesma conclusão que fui me apercebendo que ser evangélico era difícil para mim. Durante anos lutei contra ser evangélico tentando versões alternativas de ser evangélico. Consoante as épocas, podia sublinhar que era batista, podia sublinhar que era calvinista, podia sublinhar que era protestante, podia sublinhar que era qualquer coisa que, não tendo a coragem de me livrar de ser evangélico, me tornava exceção. Não queria assumir, ao ser um evangélico tão evangélico como os outros, que as minhas soluções não eram assim tão competentes contra os males do mundo.

Até que os males do mundo foram quase todos encontrados dentro de mim (tentei fazer a crónica desse processo no livro *Arame farpado no paraíso*). Quando o problema principal da minha vida passei a ser eu, o mundo perdeu a prioridade da minha crítica. Não abandonei o mundo até porque, podendo ser tentador, é difícil. Mas encontrei-me com Cristo como nunca antes tinha acontecido. E quando Jesus começou a tratar de mim, compreendi que o melhor que podia fazer pelo mundo era desistir de eu ser a solução para ele.

Ser cuidado por Jesus fez-me assumir a minha inadequação para curar o mundo. Entendi que ser cristão começa não na solução mas no problema que a antecede: somos chamados a ser pacientes antes de nos fazermos passar por médicos. Todas as fraquezas óbvias dos cristãos são parte fundamental da cura do mundo, e não uma necessidade a ser disfarçada com maquilhagem. Sempre que o cristianismo se oferece para curar o mundo, antes de se dar a ser curado por Cristo, faz o trabalho do diabo e não de Deus. Assumir a doença que o pecado é em nós é o primeiro passo da saúde de que o mundo precisa. Na Bíblia, a tentação vem sempre em forma de uma proposta de solução precoce.

Os cristãos evangélicos são a prova da falta de imunidade aos problemas do mundo. As soluções evangélicas, demasiado dispersas até para no meio da hiperdiversidade deles produzirem sequer uma aparência unificada, falham. Os evangélicos mostram, por isso, mais doenças do que curas. Se formos sinceros, diante dos males do mundo os evangélicos não têm nada para mostrar. Se Deus está conosco, ele parece invisível.

E esse mesmo reconhecimento duplo foi o que precisei fazer: como evangélico, não tenho nada para mostrar; como evangélico, o meu Deus é invisível. Tenho demorado a chegar aqui. Tenho deixado gente à espera de soluções mais competentes que eu possa sugerir. Mas ao encontrar-me com Cristo, na minha obsessão tipicamente evangélica de leitura desenfreada da Bíblia, encontrei o evangélico que sou. Lamento. E celebro.

•••

Este livro resulta de um sermão que preguei na Igreja da Lapa, em Lisboa, a comunidade cristã de que faço parte. Ser pastor marca tudo o que faço e, por causa disso, não há para mim experiência de comunicar semelhante à da pregação. A minha escrita e qualquer modo de expressão que tente reflete o meu compromisso com o púlpito. Se já houve épocas em que tentava disfarçar, hoje sei que ser um pregador é uma característica que deve surgir desavergonhadamente em qualquer texto que escreva.

O sermão chamava-se "Shows que mostram Deus" e fazia parte de uma série panorâmica sobre toda a Bíblia chamada "Saber ouvir" (pode ser ouvida na internet). Era domingo, 9 de junho de 2024, e o texto era 2Coríntios 5.7: "Porque andamos por fé e não por vista". Esse verso faz parte de uma coleção de passagens bíblicas que a família Cavaco decorou e recita semanalmente há mais de uma década. Ao pregar essas palavras, pregava também uma boa parte da minha vida.

Pelo fato de ser um pastor evangélico num país de larga maioria católica romana (cerca de 80% da população), sou um português pouco português. Viver no nosso país sem se sentir parte dele caracteriza ser evangélico em Portugal. Logo, é inescapável a relação conturbada que tenho com o catolicismo e com a maternidade que reivindica sobre a minha pátria. No dia em que lidar moderadamente com a diferença que ser evangélico me oferece em Portugal, provavelmente será sinal de que o abandonei.

Se acrescentar a isso a bênção que é ter bons amigos católicos e uma experiência já não pequena de diálogo com a fé romana, não consigo sacudir da minha pele de pregador décadas desse contraste. Sou, por natureza e nutrição, um polemista simplificador. O sermão que pregava naquela manhã acabava a resumir espontaneamente grande parte da minha carreira enquanto pregador. Foi, também por isso, um sermão especial. Não foi especialmente sistematizado, mas foi especialmente sincero.

Confesso que, logo à altura, pensei: tenho de expandir este sermão em livro. Umas quantas vozes na congregação encorajaram-me, notando que aquela mensagem tinha alcançado nelas uma ressonância particular. Na era dos excertos videográficos de sermões, a equipe de comunicação da Igreja da Lapa publicou cinco minutos que, para o trânsito virtual modesto que costumamos ter, viralizou. Mais de cem mil visualizações em pouco tempo confirmavam que o sermão ganhava ouvidos além de Lisboa.

Já tenho alguma prática em adaptar sermões em livros e há modos mais simples de o fazer do que este que usamos aqui. Neste livro misturo mais porque o sermão propriamente dito foi ampliado, quer ao nível do texto bíblico, quer ao nível da sua exposição. Mais ainda: desejei complicar citando mais demoradamente dois autores que nos últimos tempos se tornaram obrigatórios para mim. Jacques Ellul e, mais brevemente, Abraham Joshua Heschel auxiliam o meu sermão como frente mais filosoficamente consistente.

A mistura de pregação com citação longa de Ellul e Heschel desequilibra este livro, mas esse desequilíbrio não é sem intenção. Sou um pregador que não se formou em teologia mas numa licenciatura sobretudo sobre filosofia da linguagem (Ciências da Comunicação na Faculdade de Ciências Sociais e Humanas da Universidade Nova de Lisboa) e não preciso pedir desculpa por isso. Toda essa confusão entre autores santos e profanos marca o ministério de pregação do evangelho que tenho o privilégio de exercer. Acrescento ainda no apêndice um "Excessivo ABC do nerd" que resulta de tudo o que não fui capaz de acomodar com lógica e harmonia no texto principal — funciona como um porão do livro, provavelmente insalubre e a evitar.

Este livro não segue, por essas razões, um rumo linear: não é redondinho e organizado; segue trilhos divergentes e mete-se até em alguns buracos; distrai--se do caminho principal e tenta regressar ao destino. No fundo, espero que estas páginas possam ser lidas com a mesma benevolência com que Deus lê as da nossa vida. Se este livro fosse muito ordenado, trairia a sua própria causa de defender o povo evangélico a partir das vitórias que não tem para mostrar.

Os três nãos de Deus é uma tentativa de resumir uma parte da minha experiência enquanto cristão evangélico. É o reflexo da minha família feita da Ana Rute e dos nossos filhos, Maria, Marta, Joaquim e Caleb; é o reflexo da Igreja da Lapa, de que faço parte, comunidade evangélica num Portugal que a estranha; e é reflexo da equipe pastoral que integro, junto com o pastor Filipe Sousa, agora que o nosso companheiro Mark Bustrum regressou aos Estados Unidos.

Para alguém que vai afirmar repetidamente que os evangélicos não têm nada para mostrar, não me falta gente ao lado, sem a qual não podia assinar estas páginas. Espero não envergonhar ninguém. E sobretudo espero encorajar outros que, como eu, se sintam tentados a curar os males do mundo a preferir outra prioridade: a de mostrar publicamente o nada que somos, para que sobressaia o tudo que recebemos do Deus que é Pai, Filho e Espírito Santo. Vindo dele, até um não pode ter a graça que nos basta.

1

A pior igreja da Bíblia

A pior igreja que existe na Bíblia é a de Corinto. Lembro-me de em 2010 estudar a primeira carta que o apóstolo Paulo escreveu aos coríntios com uma pequena e nascente igreja no bairro de São Domingo de Benfica, em Lisboa. Éramos um grupo de menos de quarenta pessoas e cada domingo era um domingo de escândalo com os horrores de que os cristãos coríntios eram capazes. Essa é uma das grandes qualidades da Bíblia, a de nos ensinar o pior que pessoas podem fazer, sobretudo as cristãs. Gente sem fé a cometer malvadezas é previsível; gente com ela a fazer tão mal ou pior, isto sim, é um plano de leitura estranhamente divino. Os crimes cometidos fora da Bíblia dificilmente surpreendem quem cresceu a lê-la — a realidade é sempre muito mais chata e inocente fora das Escrituras.

A Corinto do primeiro século da era cristã era uma cidade sofisticada. Alguns chamavam "a Paris da Antiguidade" a este lugar grego a 78 quilômetros de Atenas. Corinto era refinada e acadêmica, era intelectual e desportiva. Os Jogos do Istmo, que aí se realizavam, foram os antepassados dos Jogos Olímpicos. O comércio fluía e a economia também. Os coríntios eram pessoas que liam e praticavam esportes, qualificados e de perspectivas abertas sobre assuntos religiosos. Nesse contexto, era sentida a influência dos saduceus, os progressistas do judaísmo, o que também explicava alguma dificuldade em aderir a crenças como a ressurreição, por exemplo. Quando estudamos a primeira carta de Paulo aos coríntios descobrimos gente não muito diferente da que está à nossa volta no século 21.

Vênus, a divindade romana do amor, era quem suscitava mais devoção popular, entusiasmando um culto que empregaria cerca de mil prostitutas no templo. Essa prática tinha um grande impacto na sociedade coríntia, sendo a liberdade sexual um dos símbolos mais acarinhados pelos seus cidadãos. Há teólogos que mencionam a existência do verbo "corintianizar", usado para descrever uma atividade sexual livre de constrangimentos morais. Cheira a hoje, certo? Era esse o contexto dos crentes da igreja de Corinto: eram também novos na fé, cultos, com os mesmos hábitos desportivos que nós tentamos ter, com gente de negócios, com muito pluralismo religioso e essa extraordinária tolerância em matérias de prática sexual. Só se julga no futuro quem nunca estudou o passado bíblico. O slogan "amor é amor" de agora não era assim tão diferente do "amor é amor" de há dois mil anos.

No fundo, os problemas da cidade de Corinto eram também os problemas da igreja de Corinto. E dá para listar os principais: os cristãos coríntios tinham divisões que chegavam ao ponto de processos no tribunal; tinham promiscuidade sexual que até os descrentes chocava e muitas perguntas acerca do casamento; e tinham discussões acesas acerca do que se podia fazer e comer, acerca do culto, acerca dos dons espirituais e, pior do que tudo, tinham dúvidas se Jesus tinha ressuscitado mesmo. Apesar de o último problema parecer o menos escandaloso, por soar mais teológico, era o pior de todos. Paulo era capaz de sobreviver a intriguistas, a mesquinhos, a queixinhas, a tarados, a ignorantes, a legalistas, a glutões, a desorganizados, a santarrões — mas Paulo não podia sobreviver a céticos.

Uma igreja que falhe moralmente pode ajustadamente ser chamada de uma igreja má. Muito má, até. Uma igreja muito imoral pode, como já mencionei, ser chamada a pior igreja de todas. Mas uma igreja que é cética em relação à ressurreição de Jesus não pode ser chamada de igreja má nem de igreja muito má: terá de deixar de ser chamada igreja. Uma igreja que deixa de acreditar na ressurreição pode ser a mais moralmente irrepreensível, mas igreja já deixou de ser. Boa parte do final da primeira carta de Paulo aos coríntios serve para isso mesmo: ou Cristo ressuscitou realmente ou essa história do cristianismo é a maior fraude de todas (todo o fôlego de 1Coríntios 15). Até esse assunto chegar, Paulo estava pronto para corrigir os péssimos e frequentemente imorais cristãos de Corinto. A partir do ponto em que a ressurreição é colocada em causa, Paulo não corrige cristãos; apenas duvida que eles existam.

Por que vale a pena sublinhar esse ponto para termos um contexto ajustado para a seguinte segunda carta aos coríntios? Porque uma das lições obrigatórias da primeira é precisamente a de que a fé cristã não é o que fazemos por Deus, mas o que Deus faz por nós. Se enquanto cristãos estamos a fazer coisas muito erradas, vale a pena toda a correção — como a primeira carta manifestava. Mas se duvidarmos do que Deus fez por nós, através da ressurreição de Cristo, já nem de cristãos podemos ser chamados. Se seguir Jesus fosse seguir um código de conduta, os coríntios já teriam sido devidamente desclassificados e esperança não haveria para eles. Mas como seguir Jesus não é um código de conduta, os coríntios podiam ser corrigidos, como a primeira carta tão bem demonstra.

Seguir Jesus é a confiança de que, tendo Jesus morrido e ressuscitado para que pudéssemos ser filhos adotados por Deus, a nossa fé é completamente dependente de Deus e não de nós. O nosso comportamento não é causa de coisa alguma mas uma consequência do que Deus fez por nós. Claro que se espera que os cristãos sejam também reconhecidos pelo comportamento, como repetidamente a Bíblia demonstra, mas esse comportamento resulta do que Deus faz por nós. Se Deus não tiver feito nada por nós, através da ressurreição de Jesus, por mais que o nosso comportamento seja irrepreensível e até publicamente louvável, vale zero. Gente bem-comportada pode impressionar o mundo mas não impressiona Deus. E não impressionava também o apóstolo Paulo.

Logo, a igreja de Corinto tem de ser compreendida como a pior igreja do mundo partindo do princípio de que igrejas más ainda são igrejas. Ainda que com todos os problemas escandalosos que tinha, a péssima igreja de Corinto continuava a ser uma igreja. Tivesse o último problema crescido, o de duvidar que Jesus tinha ressuscitado, e todos os outros desaparecido, desapareceria também a própria igreja de Corinto. Esse estranho equilíbrio é um dos tesouros que a primeira carta que Paulo escreveu aos coríntios nos deixa: o pior que uma igreja pode fazer não coloca em causa o melhor que Deus fez por nós na ressurreição de Jesus. Há cura para o mal que fazemos, mas não há cura para duvidar do melhor que Deus fez por nós.

No século 21 essa velha tradição cristã de igrejas más continua. Eventualmente podemos ter conhecido umas quantas ou mesmo ainda hoje integrarmos alguma. Não recomendo a ninguém que faça parte de uma igreja má, mas sei que, se assim acontecer, a pessoa dentro dela ainda pode ter a esperança da correção. Quando, por outro lado, sei de alguém que integra um grupo de gente impecavelmente comportada, de vida pública exemplar, preocupo-me: se não houver nele a convicção de que Jesus ressuscitou, pobres dessas almas tão boas... Há grupos de gente impecavelmente comportada com nomes de igrejas, com nomes de organizações governamentais e não governamentais, com nomes de instituições respeitáveis, entre outros exemplos. Aqueles que sem fé na ressurreição são publicamente bons merecem sempre as orações dos maus que por causa dela se juntam na igreja.

Logo, o primeiro passo do leitor deste livro deve ser, à escuta da miséria coríntia, dizer: Esta é a minha equipe. Não celebramos os pecados dos outros mas sabemos que nem eles, por esforçados que sejam, retiram quem os pratica do povo a que pertencemos enquanto cristãos. Uma das maiores vitórias que Satanás consegue na vida da igreja é em tanta gente dentro dela inspirar superioridade moral. A primeira carta de Paulo aos coríntios serve para lembrar o leitor que o seu lugar, quando crê em Jesus, é de uma santidade que não se funda na ausência de pecados, mas na clara admissão deles. Ainda estamos para descobrir no Novo Testamento uma igreja de gente completamente inspiradora. O paradoxo bíblico é, por isso, encorajador: quanto mais visíveis são os nossos erros, mais difícil é permanecer neles. Viva a terrível igreja de Corinto!

O TRISTE CONTEXTO

Agora que entramos na segunda carta que Paulo escreveu aos coríntios, convém acertarmos na cronologia elementar dos fatos. Primeiro, Paulo escreve uma carta inicial, sobre a qual acabamos de ler (a primeira carta de Paulo aos coríntios que está nas nossas Bíblias); segundo, Paulo terá visitado a igreja de Corinto numa experiência dura de correção (2Coríntios 2.1); terceiro, uma segunda carta teria sido escrita com sentimentos vivos e muitas lágrimas (2Coríntios 1.3-4; 7.8-12); e, finalmente e em quarto lugar, foi escrita essa carta que agora lemos, na qual Paulo queria esclarecer tudo e proporcionar a reconciliação necessária. Logo, a segunda carta aos coríntios seria, a rigor, a terceira.

Como o nosso plano não é um estudo específico da segunda carta de Paulo aos coríntios, mas a ênfase dos três nãos de Deus que acontece em algumas das suas passagens, interessa-nos olhar para o texto ampla e globalmente. É útil, por isso, encontrar três divisões principais nesta carta:

1) Do capítulo 1 ao 7, Paulo faz por reconstruir a relação que tem com a igreja de Corinto, sobretudo numa época em que o seu ministério estava a ser desvalorizado com o aparecimento dos chamados novos superapóstolos.

2) Nos capítulos 8 e 9, Paulo recordava os coríntios que, ao não usarem a sua generosidade para com os seus irmãos judeus que passavam por necessidades em Jerusalém, acabariam por esquecer a generosidade do próprio Jesus para todos os cristãos ao salvar-nos.

3) Nos capítulos finais, de 10 a 13, Paulo condescende a comparar-se ironicamente com esses tais novos superapóstolos. Mas o faz com um twist: em vez de usar as suas conquistas apostólicas como trunfo, Paulo sugere inesperadamente as suas fraquezas como o verdadeiro lugar onde a graça de Deus está.

Portanto, e resumindo muito, a segunda carta de Paulo aos coríntios: 1) reconstrói uma relação, 2) sana uma sovinice, e 3) fulmina fanfarrões. Não é coisa pouca. Nenhuma carta de Paulo do Novo Testamento é igual e esta acaba por ser única. Vale a pena ser estudada na íntegra, ainda que o plano deste livro seja parcial.

UMA FÉ QUE NÃO IMPRESSIONA

O leme da nossa reflexão aqui é a frase "porque andamos por fé e não por vista", que se encontra no verso 7 do quinto capítulo da segunda carta de Paulo aos coríntios — neste livro que escrevo tudo acontece pelo poder desse breve esclarecimento bíblico. O primeiro aspecto interessante acerca dessa afirmação é que ela funciona como um parêntesis no raciocínio de Paulo. Nunca devemos desvalorizar ao que acontece entre parêntesis. Frequentemente aquilo que é dito à parte é o que revela o todo. E é isso mesmo que aqui acontece. Essa pequena partícula ilumina todo o fluxo da passagem bíblica. O que estava, portanto, aqui em causa?

Leiamos a seção completa que vai do verso 1 aos 10 do quinto capítulo da segunda carta de Paulo aos coríntios (na versão Revista e Corrigida de João Ferreira de Almeida):

> [1] Porque sabemos que, se a nossa casa terrestre deste tabernáculo se desfizer, temos de Deus um edifício, uma casa não feita por mãos, eterna, nos céus.
> [2] E, por isso, também gememos, desejando ser revestidos da nossa habitação, que é do céu;
> [3] se, todavia, estando vestidos, não formos achados nus.
> [4] Porque também nós, os que estamos neste tabernáculo, gememos carregados, não porque queremos ser despidos, mas revestidos, para que o mortal seja absorvido pela vida.
> [5] Ora, quem para isso mesmo nos preparou foi Deus, o qual nos deu também o penhor do Espírito.
> [6] Pelo que estamos sempre de bom ânimo, sabendo que, enquanto estamos no corpo, vivemos ausentes do Senhor
> [7] (Porque andamos por fé e não por vista.)

⁸ Mas temos confiança e desejamos, antes, deixar este corpo, para habitar com o Senhor.
⁹ Pelo que muito desejamos também ser-lhe agradáveis, quer presentes, quer ausentes.
¹⁰ Porque todos devemos comparecer ante o tribunal de Cristo, para que cada um receba segundo o que tiver feito por meio do corpo, ou bem ou mal.

Para uma igreja que se encantava com grandes poderes de alegados novos superapóstolos, Paulo traz um discurso inusitado: Paulo fala de casas a desfazerem-se (v. 1), de gemidos (v. 2), de nudez (v. 3), e isso só nos primeiros três versos. Desmoronamentos, gemidos e nudez não são elementos que associemos a poder. E o tom vai prosseguir.

Nos versos 6 e 8, que rodeiam o 7, a vida no corpo de agora é apresentada como uma vida de sentirmos a ausência de Deus — "enquanto estamos no corpo, vivemos ausentes do Senhor" e "desejamos, antes, deixar este corpo, para habitar com o Senhor". É entre essas ideias de distância de Deus que é dado o precioso à parte de vivermos por fé e não por vista. O que significa que viver por fé não se faz com provas de poder, força ou presença. Seguir Jesus não impressionará quem precisa de trunfos visíveis. Paulo não tem vergonha de assumir diante de superapóstolos que de aparências tem zero para mostrar.

Onde vai parar então o rumo do raciocínio do apóstolo? Enquanto o nosso corpo for este e não o corpo futuro da ressurreição, os olhos não nos guiam devidamente — enganam até. Aliás, é à custa de serem os olhos a guiar que superapóstolos impressionam. Logo, "andamos por fé e não por vista" precisamente porque a vista conduz-nos para um lugar diferente daquele que pertence à fé. O lugar ao qual chegamos guiados pelos olhos é provavelmente o mesmo lugar onde aqueles coríntios estavam a chegar, atraídos que se sentiam pelos novos superapóstolos. Quando os olhos nos servem de lanternas, as luzes encandeiam-nos e o que parecer brilhar mais encaminha-nos, numa sucessão de aparências.

Mas o caminho deveria ser diferente, explicava Paulo nesse pequeno entre parêntesis. O que nos deve guiar é a esperança, que é uma concretização da fé. Essa mesma fé tira-nos o medo de assumir que estamos à espera de uma casa melhor do que a que temos agora, enquanto vivemos com estes olhos que nos enganam. A nossa casa de agora, com os olhos que agora temos, é a tal casa terrestre de um tabernáculo que se vai desfazer (v. 1). Mas vem aí no futuro uma casa melhor que será a futura presença física de Deus.

Logo, enquanto estamos nesta vida, enquanto temos estes olhos, vivemos numa casa com prazo de validade, com demolição marcada no futuro. Será quando morrermos e ressuscitarmos para a presença física de Deus que seremos revestidos da nossa habitação que é do céu (v. 2). Nós só poderemos acreditar nos nossos olhos quando eles se encherem da presença de Jesus à nossa frente, contemplando-o rosto a rosto.

Temos uma casinha jeitosa aqui, na medida em que já somos habitados por Deus através do Espírito Santo, mas a casa do futuro, nos novos céus e na nova terra, será um luxo completo, concretizado no fato de que Deus vai estar conosco espiritual e fisicamente. Não saber distinguir uma coisa da outra é uma cegueira, paradoxalmente feita de aparência de visão. Topem a ironia divina: quem viver agora guiado pelos olhos, indo de deslumbramento em deslumbramento, de apóstolo para superapóstolo, será o mais cego de todos. É quem não vive guiado pelos olhos que realmente vê a vida como ela é, sugere-nos o apóstolo Paulo.

Outra questão paradoxal está na dicotomia que coloca de um lado a ausência de Deus e do outro a presença dele. Por muito que nos custe admitir (e mais à frente neste livro exploraremos essa ideia), a vida do cristão aqui é marcada pela ausência de

Deus. Afinal, e como afirma inequivocamente o verso 6: "enquanto estamos no corpo, vivemos ausentes do Senhor". É precisamente por conta da falta que sentimos de Deus, enquanto vivemos esta vida antes da ressurreição, que "desejamos, antes, deixar este corpo, para habitar com o Senhor", no verso 8. Logo, o que aconchega a afirmação que estudamos no verso 7, de andarmos "por fé e não por vista", é a ausência de Deus aqui e a presença de Deus lá, nos novos céus e na nova terra.

Quero sublinhar a importância dessas duas imagens, entre outras que aqui Paulo usa no texto: a da casa e a da presença. A nossa casinha aqui é apenas um aperitivo da casa muito melhor que virá depois da ressurreição, da mesma maneira que a ausência de Deus aqui será suprida pela presença dele lá. E por que faço questão de enfatizar essas duas ideias? Porque há uma coragem apostólica imensa ao caracterizar a vida cristã antes da ressurreição como alguém que tem uma moradia provisória, e como alguém que testemunha uma ausência. Quem tiver dificuldade em enfrentar as dificuldades da vida cristã facilmente integra o clube de fãs dos superapóstolos, que fogem de uma mensagem tão lúcida e dura como esta. Com os superapóstolos, todos os dias eram de poder; com o apóstolo Paulo, assumia-se morar-se em tendas e fazê-lo reconhecendo a saudade de Deus.

Quem quisesse viver da fé verdadeira, que era a que Paulo tinha, não teria registros de força, poder ou presença de Deus para mostrar aos outros. Dito de um modo mais simples, o cristão tem de saber que a sua vida não é impressionante. O campeonato das impressões é ganho pelos superapóstolos e pelo seu clube de fãs. Se seguirmos os conselhos que aqui lemos na Bíblia, certamente que perderemos a competição que premia os impressionantes. O nosso consolo deve ser que encontraremos no banco que parece triste e de derrotados o pobre apóstolo Paulo. Reconhecer isso é também o que nos levará a assumir que para ser cristão ninguém precisa ser extraordinário. Aliás, podemos até dizer que uma das bênçãos de ser cristão é essa mesma, a de não ser extraordinário. Já pensamos na liberdade que isso nos deveria oferecer?

Tantas vezes nos atrai a ideia de que a vida de um cristão deve atrair os outros à sua volta. É possível reagir a essa afirmação com um sim e com um não. Sim, é desejável que um cristão se distinga dos outros pelo que faz, e é grande o peso que a Bíblia dá ao nosso comportamento ser uma consequência do que cremos. Mas, por outro lado, é possível, a partir do que Paulo aqui ensina, dizer que não, que um cristão não tem de ter uma vida que atrai os outros, em que os seduz pelo que mostra. Qualquer fé que se baseie numa esperança de que as pessoas ficarão impressionadas conosco não é, certamente, a fé de que Paulo aqui fala. Não esqueçamos, uma vez mais, de que a vida de Paulo era, nessa altura, menos impressionante do que a vida dos novos superapóstolos.

Nós não baseamos a nossa fé em Jesus em sinais óbvios de poder, de força ou da presença de Deus. Andar por fé e não por vista significa, no mínimo, assumir que a nossa vida não é um palácio mas uma tenda, e que o nosso conteúdo não está cheio mas por preencher, tendo em conta a falta que sentimos de Deus. O ponto do argumento de Paulo não era, por isso, o cristão fazer por se manifestar aos olhos dos outros, com sinais que impressionam. O que está em causa é, pelo contrário, sermos manifestos a Deus através de uma fé que não se vê com os olhos. É isso que o verso que se seguiria, o 11, afirma: "sabendo o temor que se deve ao Senhor, persuadimos os homens à fé, mas somos manifestos a Deus; e espero que, na vossa consciência, sejamos também manifestos". Seguir Jesus, mais do que mostrar algo aos outros, é primeiramente ser mostrado a Deus. E o Paulo que era mostrado a Deus poderia então, como consequência, ser mostrado aos coríntios também.

Não é a única vez que a Bíblia usa esse jogo de esconder alguma coisa a uns e revelar alguma coisa a outros. O apóstolo Paulo não se importava de ficar fora de cena quando a cena era encher os olhos. Afinal, andava por fé e não por vista. A visão fundamental não é a que as pessoas têm umas das outras, mas a que Deus tem de nós. Os cristãos, seguindo essa lógica, não vivem para serem vistos pelo mundo, mas para serem vistos por Deus. Isso pode ser afirmado sem contradição diante da chamada que o Senhor Jesus faz a sermos luz do mundo, respeitando as ênfases e contextos de cada passagem bíblica. A invisibilidade de Paulo nas corridas dos superapóstolos é uma inspiração para nós, omnitentados que somos numa cultura obcecada pelos olhos.

QUANDO O PROFETA É EXCEPCIONALMENTE LOUCO

Poucos textos fazem conosco o caminho ziguezagueante da segunda carta de Paulo aos coríntios, sobretudo a partir do capítulo 10 — uma pessoa que não lê a Bíblia desconhece a santidade de um discurso tão alucinado como esse. Ignorar a extravagância profética dessa passagem contribui para um cenário atual de tantos pregadores demasiado sãos e previsíveis, certinhos e chatos. Para pregar Cristo é preciso não ter medo de parecer louco. Paulo, para pregar Cristo, apresentava-se no registro mais realista acerca de quem era, o que não implica nada menos do que a exibição dos absurdos da sua vida. E é esse caminho de curvas e contracurvas que o mapa bíblico vai demonstrar no fôlego arfante dessas palavras.

Passo a citar 2Coríntios 10.1-2 na tradução da Bíblia em português corrente de Portugal, conhecida como *Bíblia Para Todos* (BPT):

> Eu, Paulo, que quando estou presente costumo ser delicado, mas que de longe vos trato com dureza, tenho um pedido a fazer-vos em nome de Cristo, que foi manso e humilde. Façam com que, quando eu estiver convosco, não me veja obrigado a tomar uma atitude dura contra alguns que dizem que nos guiamos por critérios humanos.

Paulo admite que esse assunto o estava a colocar numa posição de intensidade tal, que podia desequilibrar a imagem que dele é feita — seria visto por muitos como um professor demasiado rigoroso. E continua (do verso 8 ao 11):

Se eu me gloriar excessivamente na autoridade que o Senhor nos deu para vossa edificação, e não para vossa ruína, não me envergonharei. Mas não quero dar a impressão de estar a meter-vos medo com as minhas cartas. Alguns dizem: "As cartas dele são pesadas e duras, mas quando ele cá está é fraco de corpo e a sua linguagem não vale nada." Esses que fiquem a saber que eu sou a mesma pessoa, tanto no que digo de longe, por carta, tanto no que faço quando estou presente.

É admirável a metalinguagem bíblica de Paulo: até quando escreve, Paulo sabe escrever sobre Paulo, expondo-se aos outros sem medo de autocrítica. Paulo, por reconhecer as críticas que lhe podem ser feitas, é o seu primeiro crítico. Falta hoje aos pregadores o uso da autocrítica nos púlpitos. Quem expõe a palavra de Deus deve saber expor-se também. Não faz sentido homens que querem pregar a Bíblia com transparência tornando-se opacos no reconhecimento do que lhes pode ser apontado.

Um verdadeiro homem de Deus não é apanhado de surpresa com as ideias que os outros podem fazer acerca dele, sobretudo as erradas. Ele admite-as porque não lhe interessa deixar na sombra aquilo que o Espírito Santo ilumina na sua consciência: sim, Paulo tinha a noção do mal que se dizia acerca dele, de poder ser apontado como valentão à distância e gatinho ronronante quando chegava perto. É sempre uma desilusão o cristão que não admite os equívocos que podem ser construídos acerca de si. Se o primeiro trabalho do Espírito Santo é convencer-nos do nosso mal através do arrependimento, também não é disparatado esperar que o Espírito Santo nos diga algo acerca daquilo que pode parecer ser o nosso mal, mesmo quando realmente não é.

E não sem alguma ironia, Paulo admite (entre os versos 12 e 15):

> claro que não ousamos comparar-nos ou a igualar-nos com aqueles que se apresentam como pessoas muito importantes, porque esses são insensatos, pois medem-se com a sua própria medida e comparam-se consigo mesmos. Não queremos orgulhar-nos desmedidamente do nosso trabalho, mas apenas na medida que Deus nos destinou, e que era a de chegar até vós. Se não tivéssemos chegado até aí, então não teríamos respeitado essa medida. Mas pelo contrário, chegámos até vós com o evangelho de Cristo. Não nos orgulhamos exageradamente do nosso trabalho, aproveitando-nos das fadigas dos outros. O que esperamos é que a vossa fé vá crescendo, e com ela a nossa influência no vosso meio, segundo a medida que Deus nos marcou.

Paulo não quer ser apaparicado, só quer que os coríntios não brinquem com o trabalho real dele ao ponto de não crescerem na sua fé. E remata ainda no verso 17:

> Aquele que quiser orgulhar-se que se orgulhe no Senhor.

Mas é no capítulo 11 que o rastilho de intensidade profética já não pode ser apagado (verso 1):

> Gostava que me suportassem um pouco mais, mesmo que eu vos pareça insensato. Tenham paciência!

E vai admitir que sente ciúmes (entre os versos 4 e 6):

> Pois são capazes de aceitar alguém que vos vá falar de um Jesus diferente daquele que vos anunciámos; e são capazes de dar acolhimento a um espírito diferente daquele que já receberam ou a um evangelho diferente do que já aceitaram. Ora eu acho que não sou nada inferior a esses tais grandes apóstolos. Talvez eu seja pobre em palavras, mas não em sabedoria. Em todas as coisas vos tenho dado provas disso.

A partir daqui Paulo dá-se ao luxo de notar uma das ousadias que praticou pelo seu amor por aqueles coríntios: a de não ter sido pago pelo seu trabalho, sobrecarregando outras igrejas. E já que essa porta de sinceridade se abriu, os leitores que o suportem agora. Diz assim a partir do verso 7:

> Anunciei-vos o evangelho de Deus, sem exigir nenhum salário. Rebaixei-me para que pudessem elevar-se. Acham que fiz mal? Enquanto estive a trabalhar no vosso meio, outras igrejas pagaram o meu sustento. Quase se podia dizer que as explorei para poder servir-vos. Mas enquanto aí estive, mesmo se me faltava alguma coisa, nunca incomodei ninguém. Os crentes que vieram da Macedónia é que me socorreram dando-me o que faltava. Não vos quis ser pesado, nem o quero vir a ser.

Agora que tirou do peito o que na maior parte das vezes lá mantemos por pudor, Paulo assume a loucura profética total (entre os versos 16 e 21):

> Volto a dizer: não pensem que sou insensato. Mas se pensam que o sou, então permitam que me glorie um pouco mais. Aquilo que vos digo não será de acordo com o que o Senhor quer, mas falo como se de facto fosse insensato, gloriando-me. Já que muitos se andam a gloriar por motivos humanos, também eu o vou fazer. Parece que na vossa sensatez aceitam bem os insensatos. Aceitam bem os que vos escravizam, vos exploram, vos desprezam e vos batem. Não tivemos coragem para fazer isso. Para minha vergonha o digo! Mas se alguém

tem motivos de orgulho — e aqui volto a falar como insensato — também eu os tenho.

É como se Paulo afirmasse que, se os coríntios têm talento para serem explorados por vaidosos, então Paulo vai jogar provisoriamente o mesmo jogo para provar que, afinal, não há qualquer glória dos seus opositores que seja maior do que a dele. Não conheço na Bíblia qualquer texto parecido com este. É verdade que noutras cartas Paulo usa de uma sinceridade desarmante (a sugestão aos gálatas que os partidários da circuncisão a praticassem cortando mais do que o prepúcio é, naturalmente, memorável), mas este registro de ironia alucinadamente exaltada é mesmo único. Comece então o campeonato que Paulo está pronto!

No relvado da linhagem, por exemplo, os superapóstolos não são mais judeus do que Paulo ("São hebreus de nascimento? Também eu! Pertencem ao povo de Israel? Também eu! São descendentes de Abraão? Também eu!", verso 22).

No relvado do serviço, do trabalho trabalhado, como diria o povo, então nem se fala. A seção é longa e vale a pena citá-la por inteiro (versos 23 a 33):

São servos de Cristo? Falando como insensato, posso dizer que o sou muito mais do que eles. Passei por muito mais trabalhos, prisões, perseguições e perigos de morte, muitas vezes. Fui cinco vezes castigado pelos judeus com trinta e nove chicotadas. Fui três vezes espancado e uma vez apedrejado. Naufraguei três vezes e passei uma noite e um dia perdido no mar. Tive de fazer viagens sem conta, sofrendo perigos nos rios; com ladrões, com os compatriotas, com os estrangeiros; perigos na cidade, no deserto, no mar e mesmo entre os falsos irmãos. Tive de suportar trabalhos e canseiras, muitas noites sem dormir, fome e sede, muitos dias sem comer, frio e falta de roupa. E, além do mais, tenho de carregar diariamente com o peso das preocupações de todas as igrejas. Haverá alguém que esteja fraco que eu não me sinta fraco com ele? Haverá alguém que tropece sem que eu sofra também?

Se é permitido a alguém orgulhar-se, eu também me orgulho naquilo que sofro. Deus, Pai do Senhor Jesus — bendito seja ele para sempre — bem sabe que não estou a mentir. Em Damasco, o representante do rei Aretas mandou fechar as portas da cidade para me apanhar. Tiveram que me descer num cesto, por uma janela aberta no muro da cidade, e só assim consegui escapar das suas mãos.

É como se, a este ponto, Paulo se envergonhasse de precisar invocar a sua folha de serviço. De fato, os cristãos evitam falar no que fazem quando sabem que só fazem a partir do que Deus fez por eles. Mas esse é um ponto excepcional em que Paulo se permite folhear a carreira para demonstrar que nenhum dos seus rivais, por mais super que se considere, conseguirá ultrapassá-lo ao nível do que se faz. Paulo sabe que a salvação cristã não é o que fazemos por Cristo, mas invoca o tanto que ele fez para demonstrar que os que se julgam grandes pelo que fazem são, contraditoriamente, pequenos quando comparados com ele. Também é por aquilo que aqui encontramos de exceção que o momento que se vai seguir se torna igualmente inesquecível. Os superapóstolos tinham de comer muita sopa para poderem sentar-se à mesa de Paulo: o que ninguém esperava é que ele a virasse.

VIRANDO A MESA DE PERNAS PARA O AR

Quando este sermão que agora virou livro foi pregado na Igreja da Lapa em Lisboa, citei Cristiano Ronaldo. O futebolista português serviu-me para ilustrar aqueles astros que, ao falarem de si, se referem na terceira pessoa. Depois da mensagem, o Daniel Mahseredjian, membro da nossa comunidade, informou-me que o Brasil também conhecia essa prática no Pelé. Aliás, num estágio talvez mais complexo, o Daniel explicou-me que não somente o Pelé falava de si na terceira pessoa, como também distinguia entre o Pelé e o Edson, o seu nome de nascimento. Sempre que o comportamento do futebolista piorava moralmente, o culpado era o Pelé e não o pobre Edson — o Pelé era o gêmeo maligno que tinha crescido à custa do talento do jogador e que, portanto, deveria ser responsabilizado quando se portava mal. Voltando ao apóstolo Paulo, ele não comete as imprudências do Pelé nem do Cristiano, mas certamente parece usar-lhes o estilo verbal ao começar a falar de conhecer "alguém em Cristo que há catorze anos foi elevado ao mais alto dos céus. Se foi em corpo ou só em espírito, não sei. Deus é que sabe" (no capítulo 12, verso 2). E por aí fora ele vai (dos versos 3 ao 6):

> Sei que esse homem foi elevado até ao paraíso. Se foi em corpo ou só em espírito, não sei. Deus é que sabe. E lá ouviu coisas maravilhosas, coisas que ninguém deve contar. É desse que eu me posso orgulhar. De mim não me quero orgulhar, a não ser das minhas fraquezas. E mesmo que eu me orgulhasse, não o faria de modo insensato, porque só diria a verdade. Mas quero evitar que alguém tenha de mim uma ideia acima do que pode observar e me ouve dizer.

Paulo chegou a um ponto de rebuçado em que pode admitir que nenhum dos superapóstolos se envaidecerá de ter a mesma experiência que ele tem. O que isso também significa é que, no próprio campeonato dos superapóstolos, Paulo será sempre o campeão. Junto daqueles que vivem para mostrar, ninguém tem tanto como Paulo. Junto dos que vivem para encher os olhos, ninguém viu o que Paulo viu. Com Paulo é sem chance mesmo. Se este mundo quisesse encontrar o maior superapóstolo de todos os tempos, esse homem seria o pobre Paulo — o paradoxo total.

Mas esse jogo de evidências, que Paulo provisoriamente jogou, para demonstrar que as dos seus opositores são vazias, vai ser encerrado com uma admissão pessoalíssima. Isso também significa que o momento do prêmio pelo êxito é subitamente subvertido pela entrada de um aparente castigo. Todo o fluxo do texto seguia uma lógica de coroação que, contra qualquer expectativa, dá palco agora a uma aparente punição. Os leitores esperariam um prêmio, mas o escritor traz um problema (no verso 7):

> E para que eu não ficasse vaidoso com a grandeza dessas revelações, foi colocado no meu corpo um espinho, um enviado de Satanás que me atormenta continuamente. Isso impede que eu me envaideça.

O que foi o melhor que Paulo trouxe das suas intensas experiências místicas, inacessíveis aos maiores superapóstolos daquele tempo? O que é que Paulo tem para mostrar depois do tanto que viu? Qual o mistério inacessível que, após um êxtase ultraprivilegiado até ao céu, Paulo revela? O que este homem de Deus tem para mostrar são três nãos de Deus (nos versos 8 e 9a):

> por três vezes pedi ao Senhor que o afastasse de mim. Mas ele respondeu-me: "Basta que tenhas a minha graça. Pois a minha força manifesta-se melhor nas fraquezas".

Essa competição resolve-se na sua autodissolução. O vencedor é o mais distinto derrotado. Topem o mísero prêmio de consolação (nos versos 9b a 10):

> Por isso, acho muito melhor orgulhar-me das minhas fraquezas, para que a força de Cristo desça sobre mim. Alegro-me, portanto, com as fraquezas, as injúrias, as privações, as perseguições e as angústias que passei por amor de Cristo. Pois quando me sinto fraco, então é que sou forte.

O prêmio é o problema e as fraquezas são a força do campeão.

Paulo triunfa sobre os superapóstolos apresentando três recusas de Deus diante de toda a sua meritória carreira. Apetece sugerir a Deus que, se havia pessoa no mundo (a seguir a Jesus, claro) que poderia ter sido alvo de um desconto divino, era Paulo. Ainda por cima, depois do tanto que ele sofreu por pregar o evangelho... Será essa atitude de Deus recusar o pedido de Paulo uma demonstração de celeste sentido de humor negro? A resposta fica por dar e o que encerra essa parte do texto é a admissão paulina, novamente cheia de graça e ironia (dos versos 11 ao 13):

> Fui insensato em falar assim. Mas obrigaram-me a isso, pois o vosso dever era defender-me. Ainda que eu não seja ninguém, não valho menos do que esses tais grandes apóstolos. Enquanto estava convosco dei provas de ser um verdadeiro apóstolo: comportei-me com toda a paciência, com sinais, prodígios e milagres poderosos. Em que é que foram tratados com menos consideração do que as outras igrejas? Só se for no facto de em nada vos ter sido pesado. Perdoem-me essa ofensa!

Paulo soltou-se em estilo literário também para provar que algumas pessoas, para serem desmascaradas, precisam de alguma encenação por parte dos pregadores. O pregador tem de saber colocar-se ao seu ridículo pessoal se quiser demonstrar o ridículo dos outros — precisamos saber recuperar essa abençoada medida de reciprocidade nos nossos púlpitos modernos. Uma das maiores ineficácias proféticas de hoje é o monopólio do pregador demasiado consciente: faltam pastores sinceros com as suas experiências mais absurdas para que, em toda essa aparência de loucura, sobressaia a graça redentora de Jesus. Também é um modo de querer ser um superapóstolo, o medo que os pregadores têm de manifestar publicamente os seus fracassos.

Soubéssemos nós o poder que também existe nos nãos de Deus e as nossas mensagens não ficariam espalmadas em receitas de vitórias instantâneas, que só convencerão os auditórios que procuram sinais balofos de fartura. São necessários novos mensageiros do evangelho que não escondam a fome que têm por respostas que ainda não receberam de Deus. Igrejas que se envergonham do espinho na carne de Paulo disfarçam ouriços de gatinhos fofos: ronronam para fora mas para esconderem o apetite por Deus que ainda não foi satisfeito. Não nos sintamos embaraçados pelas nossas orações por responder porque elas não desqualificam o Deus que, melhor do que nós, sabe o que está a fazer.

O que precisamos é, paradoxalmente, ser tão aparentemente desgraçados como Paulo era, com pouco ou nada para mostrar. Paulo andava por fé e não por vista e por isso não vingava o seu caminho mostrando ter Deus do seu lado. De um modo estranhamente redentor, o que Paulo mostra é o não de Deus, e não o sim. Saber que podemos transportar conosco as negativas que Deus nos deu é apenas recordar que a nossa fé não se faz de evidências mas de esperança. O que sossega os nossos corações não é uma materialização da presença de Deus mas uma segurança de que, guiados pelas promessas da sua palavra cumprida em Cristo, até na ausência somos por ele acompanhados — até nos nãos podemos ouvir um sim.

Há à nossa volta muita religião feita de sinais aparentes de poder, força ou até proximidade de Deus. Nessa medida, os superapóstolos tinham uma presença de Deus que Paulo não tinha e que nunca tentou ter. Isso é algo novo para nós, evangélicos no século 21? Onde outras religiões mostram sinais de presença de Deus, nós temos uma ausência dele. E qual é o problema? Andamos por fé e não por vista.

Um dos sinais da fé do apóstolo Paulo era, em comparação com os shows de suposta presença divina, uma espera pelo nosso corpo final na ressurreição e, nesse sentido, uma espera pelo próprio corpo de Deus. A verdadeira fé bíblica não tem medo de assumir aqui uma ausência física de Deus — é nessa fraqueza que se vê que estamos a viver por algo que vai além dos olhos. Abracemos, por isso, a ironia: nós, evangélicos, não somos o povo da fartura, com sinais ou sacramentos de Deus estar conosco — somos o povo da fome dele e por isso é que nos desunhamos a não esconder a nossa miséria. Estar nesta vida com Jesus é paradoxalmente não precisar mostrá-lo onde ele ainda não se encontra. Não te envergonhes da ausência de Cristo porque é isso que alimenta a nossa fome por encontrá-lo fisicamente no futuro. A nossa fome é o nosso futuro.

2

O horror ao vazio

Uma grande parte da igreja que pastoreio na Lapa, em Lisboa, veio de igrejas populares e intensas. E uma pequena parte de pessoas que abandonam a Lapa vai para igrejas mais sofisticadas e venerandas. Uso essas designações de um modo intencionalmente simplificador mas, espero, claro. Quer os primeiros, quer os segundos, chegando de ou indo para, revelam no passado ou no futuro igrejas com sinais de suposta superior presença divina. O membro da igreja popular e intensa é obcecado com manifestações de poder de Deus e, de um modo distinto mas não menos substancial, o membro da igreja sofisticada e veneranda também — só o estilo muda.

Fundamental para membros de igrejas populares e intensas e para membros de igrejas sofisticadas e venerandas é a evidência: sem materialização dos seus sucessos, elas esvaziam-se. Há vários modos de podermos descobrir as semelhanças entre esses dois lados da mesma moeda. Há trinta, quarenta anos a emoção do movimento popular e intenso mostrava aparentemente o Espírito Santo a fazer mais coisas do que noutros lugares; agora é no movimento sofisticado e venerando. O extra que o Espírito Santo alegadamente faz é, em termos de exteriorização, o oposto da anterior: os antigos queriam loucura, os novos querem liturgia. Mas o fenômeno da necessidade de visualização do poder divino permanece.

Há um horror ao vazio, ao não de Deus. A necessidade de materializar a presença divina conosco, apesar de rapidamente proibida nas Escrituras pelo segundo mandamento, de não fazer imagens de Deus, continua difícil de resistir. Se as igrejas populares e intensas tendem a extremar-se provando mais a presença de Deus na carne, sobretudo na busca por milagres, as igrejas sofisticadas e venerandas tendem a extremar-se provando a presença de Deus mais no cérebro, na respeitabilidade da tradição. Não são tendências mutuamente exclusivas mas simplificam algumas das nossas tentações modernas: de um lado, tenta-nos uma expressão de fé que deve aliciar constantemente os nossos sentidos, numa hiperatividade devocional implacável; do outro, tenta-nos uma expressão de fé que deve organizar o caos do mundo, aliviando as nossas consciências. Se os primeiros, os populares e intensos, só querem culto, os segundos, os sofisticados e venerandos, só querem cultura. Mas ambos vivem pelo que veem e pelo vazio de que fogem. Uns querem viver em êxtase pós-moderno, no altar intenso da experiência individual; outros querem viver salvando o mundo dos alegados pecados modernos, em redenção institucional e coletiva.

O lugar dos evangélicos é fora dessa bipolaridade: não temos de viver só para nós, e não temos de viver só para os outros. Sobretudo, não temos de ter medo de não ter nada para mostrar. A nossa ausência de soluções é o que de mais resolvido pelo evangelho pode existir em nós. É precisamente por confiarmos em Cristo que sabemos aceitar um tempo em que ele não é mostrado onde não está, nas vitórias culturais que não amealhamos. É nessa ausência de Jesus que Jesus também se encontra. Se Cristo já se materializasse no nosso triunfo cultural, não precisávamos esperar por ele: estávamos no céu e não nos tínhamos dado conta. Mas ainda vivemos sem abrigo aqui. O que já se fez também ainda está por acontecer.

As igrejas são também lugares de ausência divina. E nada há de biblicamente errado com isso. As igrejas talvez sirvam menos para mostrar que Deus lá se encontra, e mais para mostrar que Deus lá se espera. São os lugares que mais se apressam para se certificarem de que Deus está fisicamente presente que, com ironia, podem dele menos precisar. É a fartura desses sinais e maravilhas que nos devia invocar a cautela paulina diante de superapostolados. Se, como antigamente muitas igrejas evangélicas eram chamadas de casas de oração, deveriam igualmente ser chamadas de salas de espera, vazias de garantias imediatas e treinando os crentes para até nos nãos de Deus receberem a graça dele.

Søren Kierkegaard, o filósofo dinamarquês, alertava no livro *Indovelse i Christendom*, ou *Prática do cristianismo*, para o perigo de usar a história como prova cristã: "Não é Cristo que, depois de se deixar nascer e fazer a sua aparição na Judeia, se apresenta para ser examinado pela história; Ele é que é o examinador, a sua vida é o exame, e não apenas para a sua geração, mas para toda a humanidade". Não é a história que examina Cristo, mas Cristo que examina a história. Não usamos as supostas glórias de uma cultura cristã passada para provar que temos Deus conosco; é sobretudo a ausência de glória aqui que poderá querer dizer que Deus conosco está. Não queremos necessariamente glorificar as derrotas, mas, acima de tudo, prevenimo-nos da tentação de querer materializar a presença de Deus. A igreja também é o lugar onde Deus ainda não está como estará.

A garantia da presença divina é uma fartura que não diz respeito aos evangélicos. Nós, claro está, somos os pobres do cristianismo. Os nossos lugares são aqueles que pertinentemente são escarnecidos como vazios e feios na sua ausência de critério estético: uma guitarra desafinada e cadeiras de plástico oferecem o mobiliário necessário para a adoração global. Quem é tentado por algum tipo de ascensão social rapidamente fugirá da evangélica feiura faminta. A incompetente presença de Deus nos salões evangélicos não enche a barriga de ninguém. Mas a curiosidade é que também não chega para os próprios evangélicos: e isso não é um problema.

Os evangélicos sabem que não há culto aqui que os satisfaça. A imperfeição litúrgica protestante é um dos seus trabalhos mais rigorosos: quando o culto a Deus atingir nesta vida a perfeição, não será Deus que estará a ser louvado. Logo, a insuficiência da nossa adoração assegura que ela funciona dentro dos limites apropriados. Não são apenas os não evangélicos que claramente não se satisfazem no louvor evangélico; são os próprios evangélicos também. O louvor evangélico é a liberdade que ele tem de falhar em esperança. Os evangélicos quando louvam demonstram mais o que não têm, do que o que têm: são a verdadeira fé da fome. Vivemos de migalhas sem vergonha de sermos mendigos convictos do banquete futuro. A igreja evangélica é a comunidade da irritante mulher siro-fenícia, aborrecendo Jesus com as suas carências mas conquistando nele o reconhecimento da verdadeira fé.

A presença de Deus que já existe hoje entre os cristãos foi por ele concebida, obviamente: afinal, o Espírito Santo acompanha a igreja desde o dia de Pentecostes. Mas a presença de Deus que hoje existe entre os cristãos foi igualmente concebida por Deus para de Deus se pedir mais. A igreja é a prova de que Jesus veio e mudou tudo de uma vez, mas que essa mudança ainda exige espera. Logo, o verdadeiro culto cristão assenta no paradoxo de se comer ao mesmo tempo que se passa fome. O pão e o vinho entram na nossa boca como celebração da salvação, e como antecipação de um banquete superior quando o Salvador estiver completamente conosco — fisicamente conosco. Há uma presença de Jesus na igreja através do Espírito Santo, e há uma ausência dele também: precisamos do encontro final. A obsessão evangélica pelo Apocalipse vem da nossa imoderada insatisfação pelo que dele já temos, e pelo que dele muito mais queremos e teremos.

Assistir a alguns que passam pela Igreja da Lapa mas nela não ficam, por precisarem de mais presença divina, são derrotas que, enquanto pastor, também me asseguram que me relaciono com Deus. A história da minha comunidade é também um triste carrossel de tantos que vieram de shows divinos mais populares e que depois prosseguem para shows divinos mais sofisticados, da loucura para a liturgia. Carrego muitas frustrações enquanto ministro do evangelho e não preciso me envergonhar delas. É a minha história, afinal. Por isso, quando pregava aquele sermão chamado "Shows que mostram Deus", sabia que pregava a minha história, imperfeita e incompetente, incapaz e ainda tão divinamente inabitada. Mas pregava a certeza da esperança, a segurança de um lugar de chegada rosto a rosto com o meu Salvador. O que temos para mostrar? Temos uma espera. Temos uma esperança. Porque andamos por fé e não por vista.

ENTRA ELLUL

Viver por fé e não por vista, no século 21, é precisar enfrentar o poder imenso, e nunca antes tão visto, das imagens. Hoje comemos imagens, pensamos imagens, sentimos imagens, cremos em imagens. Dito de um modo menos básico, "as imagens são o nutriente diário da nossa experiência sensorial, os nossos processos mentais, os nossos sentimentos e a nossa ideologia". O autor dessa afirmação rapidamente se tornou um herói para mim quando comecei a lê-lo: um teólogo extravagante (volta e meia heterodoxo até) que resistiu aos nazistas na Segunda Guerra Mundial quando a sua França natal foi por eles ocupada. Jacques Ellul foi pólvora espiritual na segunda metade do século 20 e, por conta de um mundo que mais escravo se tornou da imagem, mais explosivo deve ser agora.

Li *A palavra humilhada* de Ellul duas vezes durante 2023 e 2024. Numa época em que tantos evangélicos querem ser vistos a salvar o Ocidente, este livro tem-me vacinado dos excessos desses pressurosos salvadores. Afinal, e como o pensador francês sabia, a tarefa do cristão não é viver por vista mas por fé. À medida que os cristãos se esforçam para se mostrarem como guerreiros culturais, armados até aos dentes do imenso arsenal visual que a tecnologia digital permite, precisamos de um tempo de atenta e demorada leitura da Palavra de Deus, reabilitando os ouvidos. Se queremos curar os nossos olhos, tão estragados pelo uso excessivo, é tempo de ouvir. Idealmente, visão e audição foram criadas por Deus para se complementarem. A questão é que o desequilíbrio entre as duas é hoje violento. O meu esforço é, por isso, resumir as ideias principais dessa obra de Ellul, âncora verbal na borrasca ocular.

Quando olhamos, ficamos no centro do universo. Os nossos olhos dão-nos até um sentimento de propriedade sobre o mundo. A visão é o órgão da eficiência e é ela que nos permite ganhar uma relação mais direta e natural com o ambiente. Com os ouvidos é diferente: tudo é menos imediato e óbvio. Ao passo que a imagem tende a seguir um padrão ordenado e sequencial, a audição dos sons pode ser muito mais contraditória: a visão tende a ser espacial e a audição tende a ser temporal. O que os olhos simplificam, os ouvidos podem complicar. Não é por acaso que a Bíblia diz que a fé vem pelo ouvir (Romanos 10.17), e suspeita de quando os olhos se intrometem.

No que diz respeito ao discurso, o domínio do ouvir, não há som comparável ao da palavra falada. É ele que nos leva ao relacionamento com as outras pessoas, ainda mais além do que a nossa visão delas. O uso da palavra entra num território muito mais vasto do que a nitidez da visão. A visão mostra-nos uma diferença óbvia entre nós e o mundo, mas a palavra exige de nós mais do que essa distinção instantânea; exige interpretação. Essa interpretação serve para quando os contornos podem não ser tão simples de detectar. Pelo fato de o discurso acontecer e se demorar no tempo, uma presença é exigida: ouvir alguém coloca-nos necessariamente num lugar de espera pelo outro. A palavra pede sempre um ouvido que, em último grau, pode ser o de Deus. A linguagem pede uma troca, uma comunicação, e a sua ordem não é a da evidência, mas situa-se entre o esconder e o revelar. Nessa medida, o discurso completa o espaço entre as pessoas que não é preenchido pelo óbvio. Ouvir torna-nos muito menos autônomos do que ver, e leva-nos a depender de alguém além de nós: interpretar depende sempre de um outro.

Jacques Ellul afirmava que "a incerteza abençoada da linguagem é a fonte da sua riqueza". A possibilidade vasta do sentido mantém-nos afinados para interpretarmos as palavras — esse encontro é o mais próximo que existe de uma verdadeira iluminação. Em toda a grande exigência de vivermos mais dos ouvidos do que dos olhos, a palavra relaciona-se com a verdade, ao passo que a imagem se relaciona com a realidade. Tudo o que é da família da verdade, sendo o mais precioso, pede muito de nós, em disponibilidade para discussão, para paradoxo, para mistério até. Essa desconfortável possibilidade de ambiguidade é a melhor liberdade que existe, fora do óbvio. E é aqui que o outro ganha um lugar de existência real.

Segundo o pensador francês, nunca como hoje vivemos sob tal predomínio dessa ideia de realidade que, por bem-intencionada que pareça, não é necessariamente o mesmo do que a verdade. Há diferença entre querer realidade e querer verdade. A existência dos fatos é verdadeira, mas nem todos os fatos correspondem à verdade última que Deus concebe. É daqui que vem essa distinção importantíssima entre o campo do real, servido pelas imagens, e o campo da verdade, servido pela palavra. Quando o nosso reconhecimento do que existe fica sob o monopólio da imagem, somos eficazmente escravizados ao poder das evidências — só somos o que olhamos. A analogia de Ellul corresponde a um mundo alfinetado num museu de borboletas: etiquetado, preciso e tragicamente estático. Nessa reação intencionalmente simplificadora e polêmica do pensador francês, interessava-lhe o poder de choque necessário para nos despertar de uma caminhada irrefletida para o abismo visual do óbvio: claro que não é mau a imagem acompanhar a palavra, mas só a palavra tem o poder de criticar a imagem. É daqui que nasce a arte bíblica do discernimento.

Para aqueles que pela primeira vez lidam com o furor elluliano, vale a pena afirmar que não está em causa arrancar os olhos, como aparentemente sugerido por Jesus no seu Sermão do Monte (curiosamente, é o dom da interpretação da palavra que nos permite ir além do sentido literal imediato do discurso). No entanto, a sua análise, feita em 1981(!), é afiadíssima para o nosso contexto, muito mais visualmente carregado desde então. Se o bom Jacques escrevia isso numa época cujo maior ataque ocular pertencia à televisão, que diria hoje na época dos telefones celulares e das redes sociais? Deus poupou o teólogo francês ao chamá-lo em 1994, quando a internet dava os seus primeiros passos.

DEUS E OS ÍDOLOS

A separação entre ver e ouvir que, na Bíblia, Jacques Ellul encontra, corresponde, no fundo, à separação entre os ídolos e Deus. Temos de compreender a importância de separar como Deus separa. Deus criou tudo através de um ato de separação, entre luz e trevas, entre ar e terra, entre águas de cima e águas de baixo, entre animais, entre homem e mulher até. A diferenciação divina é o início de toda a vida recomendável. A palavra é o que estabelece os contornos entre as coisas e as pessoas. Para as pessoas existirem, dependem da palavra que as distingue de tudo o resto — identidade e alteridade vêm daqui. Sem valorizarmos a boa separação, podemos ficar com um ídolo no lugar de Deus.

Como é que isso acontece nas histórias bíblicas? A criação através da palavra colocou-nos a todos no tempo: Deus falou e a luz apareceu, numa sequência que não tem terminado até nós próprios termos sido criados. Quando Jesus encarnou, Deus aceitou jogar constrangido pelas próprias regras que ele tinha criado, no tempo e no espaço. Logo, o verbo fazer-se carne é o ponto alto dessa experiência única de criar tudo pela palavra. Mas a encarnação, sendo física, não é apreendida por nós pelos nossos olhos — a Escritura até nos diz que Jesus não era visivelmente impressionante. Os milagres, que foram na vida do Senhor sinais de poder dele, funcionavam enquanto manifestações da palavra que ele pregava, e da palavra divina que ele era. O fato de toda a criação ser criação da palavra que aceitou ser limitada por essa mesma criação, pede de nós ouvidos mais apurados do que os olhos.

Valorizar a palavra acima de tudo significa, consequentemente, reconhecer que não há manifestação divina como ela. Ellul explica que "a palavra de Deus é o trabalho de Deus por excelência". Não faz sentido desvalorizar a palavra como se fosse uma teoria à espera de uma prática, quando a Bíblia apresenta a palavra como o próprio caráter de Deus. "Se desvalorizarmos a palavra, por pouco que seja, rejeitamos todo o cristianismo e a encarnação." O crente que valoriza a Bíblia, não desvaloriza a encarnação de Jesus. É pelo fato de ser tão incalculável o valor de o verbo divino se ter feito gente em Cristo, que somos conduzidos a uma relação de compromisso total com o texto bíblico. Amar as Escrituras nunca pode ser o polo de uma suposta dicotomia contrária a amar Jesus. Pelo contrário, e como Ellul sabia, a melhor cristologia enaltece a bibliologia.

A rivalidade à qual o cristão deve estar atento é a que existe entre o Deus verdadeiro, em quem se confia através da sua palavra, e os deuses falsos, que nos querem convencer enchendo-nos os olhos. Também é por isso que desde cedo o Velho Testamento avisa que querer ver Deus corresponde ao impulso idólatra de confirmar com a vista o espiritual. Querer certificar-me fisicamente de que Deus está comigo é o que me dá um bezerro de ouro; Deus estar realmente comigo é o que me oferece uma lei para ser estudada e obedecida. A lição do livro do Êxodo também é que o pagão dança com uma devoção cheia de mobília dourada, e o crente sai com um livro debaixo do braço.

Jacques Ellul recorda outro pensador francês, Paul Ricoeur. Ricoeur distinguia manifestar de proclamar: manifestar quer mostrar o sagrado, de preferência com poder; proclamar é um ato discursivo, que depende do tempo e da interpretação. Manifestar pede eficácia, proclamar pede sentido. A religião judaica construiu-se à volta de códigos e leis, e não de sinais e visualizações (mesmo quando as últimas excepcionalmente aconteciam, era em função da palavra). "Em Israel a teologia do Nome de Deus opõe-se ao mistério dos ídolos. Ouvir a palavra tomava o lugar de olhar sinais", dizia Ricoeur, e Ellul acrescentava que o discurso é, por natureza, iconoclasta. Não é, por isso, por acaso que a primeira pessoa que na Bíblia vai aperfeiçoar o talento das mãos, da manifestação, é Caim: nasce o poder da técnica (Gênesis 4.17-22). A técnica é substancialmente diferente da palavra. O que manda já não é a boca mas as mãos.

As limitações que a Escritura oferece a manifestar são completamente intencionais. A Bíblia nunca sente a necessidade de pedir perdão por Deus ser invisível, e nós também não devíamos sentir. A verdadeira imagem de Deus não é o que podemos criar com as nossas mãos — nós é que fomos criados pelas mãos dele pela sua palavra. Logo, o cristão aceita uma dieta visual rigorosa e propositada em que prescinde de querer ver o que a ser visto nunca foi dado. Com toda a boa intenção que o impulso místico queira trazer, Ellul denuncia-o: "A Bíblia opõe-se a místicos de todos os tipos, até o cristão que [supostamente] ascende ao céu e contempla Deus por meio de práticas ascéticas". Se o maior místico de todos na segunda carta aos coríntios recebeu três nãos de Deus, por que insistimos nós em sins que ele não nos quer dar? Fazer questão de ver o espiritual é a maneira perfeita de o rejeitar.

A única maneira de a nossa visão ir sendo curada não vem de outra iluminação particular que não a encarnação de Jesus. É pela valorização máxima da palavra que conseguimos relacionar-nos com a verdade, que corrige tudo o que nos parece real através das imagens. "A encarnação é o único momento da história do mundo em que a verdade se juntou à realidade; quando a realidade deixou de divergir da verdade, e a verdade não precisou ser o juiz fatal da realidade. Nesse momento a palavra foi vista e a vista podia ser crida." Mas os efeitos desse momento único foram temporários e, por isso, Jesus vai censurar Tomé após a ressurreição, quando o discípulo quis colocar nos olhos o leme da sua fé (um tema especial do evangelho de João). Viver por provas é o contrário de seguir Jesus.

É nessa luxúria dos olhos que tantas tentações contemporâneas têm seduzido os evangélicos: também é por isso que nos cabe rejeitar uma visão substancialista da fé. Não é por Jesus ter encarnado que o nosso olhar já foi reabilitado como órgão da verdade — só a palavra continua nesse lugar de autoridade para guiar-nos, sobretudo a partir dos nossos ouvidos (a visão nem sequer para reconhecer Jesus depois da ressurreição foi suficiente, recordemos). Ainda que o façamos sem consciência, os nossos olhos tendem a colocar no lugar de Jesus os ídolos que mais evidentemente suprem as nossas necessidades: eles, mais do que substâncias espirituais concretas, são a manifestação da nossa necessidade de sermos guiados pela vista. Topemos a triste ironia: Deus, que é verdadeiro, é invisível; e os ídolos, que não existem, são os que parecem mais fisicamente reais.

Ellul estava certo de que o poder da palavra é uma lâmina bem afiada que separa, porque critica e avalia. O vazio presente nos nossos salões evangélicos é, por isso, intencional: do mesmo modo como o templo em Jerusalém estava vazio, esse vazio era uma expulsão de todos os falsos deuses do meio do povo de Deus. Mais ainda: também vazia ficou a sepultura do Senhor para que o povo libertado pela ressurreição não se alimentasse de qualquer representação, mas da notícia dessa ausência. "Quebrar as imagens obriga as pessoas a descobrirem-se, encarando novamente o vazio que as desafia." Numa época de visualização extrema, urge recuperar o vazio. O evangelho liberta sem ter medo do vácuo que também transporta para a vida dos que o aceitam.

Sem dúvida que parecerá ridículo que, enquanto evangélicos, não tenhamos nada para mostrar a um mundo adicto de ofertas visuais. Mas esse ridículo é também o privilégio da pregação do evangelho: nada deve haver em nós além da palavra de Deus. A nossa ineficácia é paradoxalmente o sinal de que algo divino pode acontecer. Ouvi uma vez, numa igreja de Miami Beach, nos Estados Unidos, o pastor Hensworth Jonas dizer que *"all you need is your need"* ("tudo o que precisamos é de precisar"). Esse pregador, da Central Baptist Church na Ilha de Antigua, sabia que quanto mais vazios chegarmos a Deus, melhor. Ellul desfere, portanto, um golpe final: "A pregação é a maior aventura que existe: quando Deus escolheu a palavra adotou o meio de revelação que impede qualquer familiaridade ou posse humana". Nada sermos e nada termos é o antídoto perfeito para um mundo que exige ver-se servido pelos deuses que mais visualmente se manifestam.

A TEMPESTADE QUE A NOSSA SOCIEDADE DE IMAGENS É

O gênio de Jacques Ellul era prodigioso: imaginemos um navio que no meio de uma tempestade chama, como manobra de diversão, os passageiros a assistir a uma representação de *A tempestade* de Shakespeare. Naquele momento, os espectadores não sofrem a tempestade real mas o espetáculo dela: o sofrimento verdadeiro é tornado alienação. As imagens da realidade tornaram-se mais reais do que a realidade. Para que não detectemos o perigo real, produz-se um perigo encenado.

O mundo em que vivemos tornou-se esse barco no meio da tempestade: sofre-se mais pelo espetáculo de *A tempestade* de Shakespeare estar a ser encenado do que pela tempestade verdadeira: navegamos sob a sombra do naufrágio num espetáculo visual. Não somos nós que vivemos as imagens, mas são as imagens que nos vivem a nós. A estrondosa vitória da tecnologia visual é completa e atinge todas as áreas da nossa vida: dessensibiliza-nos ao ponto de perdermos a capacidade de sermos bons crentes e de sermos, pura e simplesmente, bons cidadãos. As tecnologias desenvolvem-se para maximizar o poder visual sobre nós num entorpecimento recheado de entretenimento. Ellul anunciava que as consequências desse feito tecnológico viam-se na religião e na política. Só a palavra tem o verdadeiro poder de nos despertar: se primeiro ela pode até oferecer-nos alguma ansiedade e incerteza, dando-nos consciência do nosso vazio e impotência, ela faz-nos também olhar para a realidade a partir da verdade, além das aparências.

Sempre que a igreja se permite invadir por imagens, sucumbe a querer mandar como no mundo se manda. Visualizar a mensagem de Deus trouxe todos os horrores possíveis da magia, idolatria, superstição e paganismo. As catedrais podiam ser construídas a pensar na glória de Deus, mas rapidamente a assinatura delas servia o poder humano. Essa explosão visual aconteceu, por exemplo, no século 14, quando "uma teologia mística tomou o lugar de uma teologia discursiva": não é por acaso que as relíquias ganham importância nessa época, e que hóstia passa a ser levantada para ser bem vista por todos. A cristandade rendia-se tragicamente ao poder tão eficaz dos olhos. Também foi por isso que a Reforma aconteceu.

Há mais semelhanças entre o século 21 e o século 14 do que podemos julgar. Com o triunfo da visualização, o que é discreto e demorado perde morada pública. Mas Deus só morre para quem não concede que ele possa ser invisível. Por isso mesmo, Jesus falava do seu reino usando figuras insignificantes e pouco promissoras como sementes minúsculas. A ordem do visível pede triunfos políticos óbvios e atestáveis, e a paciência com a palavra parece sair fora do prazo. Saltamos de imagem em imagem para que o fluxo sentimental não pare: o uso constante de visualizações produz um pensamento baseado em evidências, inevitavelmente suspeito do poder de abstração e crítica. A própria realidade torna-se uma ficção — uma simulação sustentada nas múltiplas capacidades das diversas técnicas usadas.

Ellul recorda que a solução é escriturística: "A última descoberta bíblica é a reconciliação da palavra com a imagem, da realidade com a verdade escatológica". As visões bíblicas apontam para um fim, semelhante àquele que foi dado a Jó (Jó 40.5): afinal, os bem-aventurados verão Deus (Mateus 5.8)! A visão que houve antes da queda será a visão que nos será restaurada. A reconciliação final da visão com a palavra é completamente escatológica e nenhuma realidade icônica consegue nesta existência desempenhá-la. Não há santificação da matéria, a pretexto da encarnação, ou transfiguração da carne que nesta vida nos dê aquilo que pertence apenas à próxima. A futura visão rosto a rosto será a de Jesus encarnado, impossível de ser ensaiada com qualquer tentativa física nossa de agora.

Qualquer tentativa de equivaler a encarnação de Jesus à vida da igreja confirma, ainda que inconscientemente, que são os olhos que estão a guiá-la. Mas só no reino de Deus futuro a visão estará conciliada com a palavra, e a realidade com a verdade: como diz 1Coríntios 13.12, "conheceremos como já somos conhecidos [por Deus]". Ellul criticava católicos e ortodoxos por prescindirem do papel da esperança pela reconciliação última: ambos tentam uma síntese onde precisamos assumir a dificuldade bíblica mas necessária da contradição. Toda a tradição icônica é a tentativa de resolver os contrastes bíblicos com soluções intermédias. Jesus cumpriu o tempo ao mesmo tempo que ainda o aguardamos.

Ellul explica uma vez mais: "A muito aguardada reconciliação da imagem com a palavra e da realidade com a verdade é certa, mas precisamos não tentar manufaturá-la com as nossas técnicas e metafísicas aqui e agora. A iconoclastia é indispensável contra esta terrível máquina de guerra anti-humana, que é o que as técnicas audiovisuais se tornaram. Elas são comparáveis aos ídolos antigos, que requeriam sacrifício humano antes de mostrar a sua verdade". Ao misticismo visual crescente, as igrejas evangélicas devem responder com uma linguagem acessível, coerente e razoável, que não fique dependente da exegese especializada de um clero supostamente filosófico. Na sofisticação dos outros, a nossa resposta é a simplicidade. É ouvindo a palavra de Deus, rejeitando as atraentes encenações visuais, que saberemos que a verdadeira tempestade está no mar e não no palco.

ENTRA HESCHEL

Abraham Joshua Heschel. Esse nome é para não esquecer. Em comum com Jacques Ellul tem o século 20 passado a resistir aos nazis. Nasceu na Polônia mas refugiou-se nos Estados Unidos em 1940. Tornou-se provavelmente um dos rabis mais marcantes dos últimos cem anos. O livro *Moral Grandeur and Spiritual Audacity* [Grandeza moral e audácia espiritual] compila algumas dezenas de textos que exemplificam o seu pensamento claro, convidativo e sempre corajoso. Seguindo o judaísmo, Heschel falha o mais importante no reconhecimento de Jesus como o Messias prometido. Mas ler um autor que tão bem apresenta os princípios da Bíblia hebraica, recorda-nos de que desde o Gênesis que cabe ao crente no Deus de Abraão, Isaque e Jacó, mais tarde plenamente apresentado como aquele que é Pai, Filho e Espírito Santo, priorizar os ouvidos como o órgão da fidelidade. Diante de dias tão rendidos ao dilúvio visual ininterrupto, precisamos de mais Heschel na nossa vida.

É necessária a "descoberta do sentido e da realidade da palavra falada. De repente, uma palavra torna-se maior do que uma pessoa. E aquele que não sabe que uma palavra é maior do que uma pessoa nem sequer sabe como orar ou como ler a lei de Deus". Heschel não temia ser acusado de logocentrismo. E o que está em causa quando o assunto é a importância da palavra, não é a predominância da teoria sobre a prática, uma estafada dicotomia em que continuamos a cair. Não é uma questão de noções, mas de nomes.

O rabi polaco lamentava a helenização da teologia judaica, muito à custa de Filón de Alexandria e, mais tarde, equivalendo Platão a Moisés. E explicava que "há uma diferença entre um nome e uma noção. Não ensinemos noções de Deus mas o nome de Deus. A noção descreve, define; o nome evoca. A noção vem de uma generalização; o nome é aprendido através de um conhecimento (*acquaintance*). Uma ideia de Deus facilmente se torna um substituto para ele". Mais do que demonstrarmos Deus, somos chamados a ser testemunhas dele. Mais do que definirmos Deus para proveito das vitórias culturais que procuramos, somos chamados a invocá-lo. Precisamos mais de Jerusalém do que de Atenas.

Deus tem-se tornado um tópico de debate, com todos os aspectos positivos que essa oportunidade traz. Mas sente-se uma falta do verdadeiro testemunho que também acontece fora dos louros visíveis das discussões públicas. É a tal diferença entre querer manifestar Deus aos outros, sem antes termos sido realmente manifestos diante dele. Também é por isso que Heschel sabia que a oração funciona como o verdadeiro teste da fé: "Maior do que o meu desejo de orar, é o desejo de Deus para que eu ore. É a espera de Deus pelas nossas orações que lhes oferece sentido. A verdadeira motivação para a nossa oração não é o sentimento de estarmos em casa no Universo mas o contrário. O verdadeiro teste de um sermão é poder tornar-se em oração". E a ironia muitas vezes sucede precisamente assim: quanto mais triunfo haja no discurso público dos cristãos, menos presença de Deus é necessária neles. Antes de sermos campeões do debate público, precisamos ser carentes da devoção privada.

"Oramos para orar. Eu oro porque sou incapaz de orar", afirmava Heschel. Para ele, a verdadeira fé pressupunha a crítica de qualquer sentimento de satisfação, e o papel profético não se faz sem assumir esse embaraço. "A cura da alma começa com esse sentimento de constrangimento, de inadequação. Seria uma grande calamidade para a humanidade se toda a gente se sentisse bem-disposta, com todas as respostas para todas as perguntas. Aqueles sem embaraço permanecem estéreis — assim se cultiva a contrição." A existência de Deus não é testada pelo modo como apresentamos os nossos mais brilhantes raciocínios; pelo contrário, "todas as provas são meras demonstrações da nossa sede dele. Possuir a verdade é devotarmo-nos a ela".

Num fôlego impressionante, o rabi Joshua lembrava que Deus escolheu revelar-se em eventos e não em coisas. Por isso mesmo, as coisas funcionam como instrumentos mas nunca como objetos do nosso louvor. No judaísmo, "o único objeto indispensável é um rolo para ser lido, não para ser contemplado": nessa medida, o protestantismo deve sempre continuá-lo. "O único símbolo de Deus é o homem, qualquer homem. Deus criou o homem à sua imagem." Tudo o que temos para observar em Deus está nas pessoas que ele cria. "O importante não é ter um símbolo mas ser um símbolo", porque não é Deus que tem de ser representado na nossa vida, mas é a nossa vida que tem de representar Deus.

"O simbolismo atrai tanto porque promete reabilitar crenças e rituais que se desvalorizaram racionalmente. No entanto, o que consegue é reduzir obediência a cerimônia, profecia a literatura, teologia a estética." Interessa que a fé sobreviva aos sucessos aparentemente civilizacionais e simbólicos que atinja. "É maravilhosa a vida num corpo, mas mais maravilhosa ainda é a vida numa palavra." A Escritura, como constelação de palavras divinas, inspira-nos a existirmos para termos vida no livro de Deus. Para os cristãos, a fé, que aparentemente Abraham Joshua Heschel ficou por conhecer, é a confiança de que a palavra se fez pessoa. Com a palavra de Deus feita pessoa em Jesus, as pessoas têm finalmente tudo o que precisam para poderem habitar eternamente na sua palavra.

EPÍLOGO

(ou O fim do sermão)

O que têm os evangélicos para mostrar a um mundo sedento de sinais visíveis de poder? Nada. Não temos a presença física de Cristo nem o corpo de Deus — temos ausência. Em contraste com santuários recheados e esplendorosos em que cada detalhe tem uma importância simbólica, nós, evangélicos, temos salas nuas, tantas vezes mal ladrilhadas e acusticamente ineptas, embaladas a guitarras ou teclados mal tocados, numa ordem de culto facilmente demasiado improvisada. Onde outros arriscam afirmar convictamente: "olha Deus aqui conosco!", sobra em nós uma não comparência divina — essa incapacidade, no entanto, não é um problema mas um princípio.

Ainda que a convicção evangélica seja a de que Deus está presente de cada vez que a sua palavra é pregada, a nenhum momento do culto pertence a capacidade de afirmar: "aqui está Deus visivelmente conosco". Só os órfãos de Deus podem ser feitos seus filhos. Qualquer pregador que traga provas da presença divina anda por vista e não por fé. A prova da presença de Deus nesta vida é sempre a fidelidade à sua palavra. Do mesmo modo como Paulo desprezava os superapóstolos, os evangélicos no século 21 têm de saber lidar com a abençoada incapacidade de encher os olhos das pessoas. A segurança que temos em sermos habitação do Espírito Santo não nos impede de lidar com todas as formas de ausência de Deus que esta vida ainda implica.

O que os evangélicos, à semelhança de Paulo, têm para mostrar é a sua espera. Esperamos que Deus nos responda e muitas vezes a resposta é um não — para Paulo foram três. Esperamos que Jesus regresse ou que o encontremos quando a morte chegar. E aí, nesse momento, é certo o fim da espera. Mas a nossa espera não pode fugir de assumir as nossas fraquezas óbvias, as ausências que se confirmam com os olhos, os buracos que não podemos preencher artificialmente. Com todo o respeito que devemos ter com o desenvolvimento sofisticado como tantos na tradição cristã chegaram à convicção da transubstanciação física do pão no próprio corpo de Cristo, não temos de nos envergonhar, enquanto evangélicos, em não ter

(OU O FIM DO SERMÃO)

qualquer corpo de Deus para demonstrar. O nosso privilégio protestante é também poder afirmar que o fato de Deus não estar fisicamente conosco não o impede de ir cumprir todas as suas promessas de futura chegada real.

Como pastor evangélico, não me envergonho de não ter o corpo de Deus para oferecer àqueles que sirvo na igreja. Como pastor evangélico, não me envergonho das casas de oração onde não há nada de substancial para venerar. Como pastor evangélico, não me envergonho de não poder assegurar a ninguém que levará uma bênção material da assembleia do povo de Deus. Nós não vivemos pelos olhos mas pela fé.

A moda de dizer mal dos evangélicos, geralmente mais pobres do que nós, só revela quanto somos tentados por ascender socialmente. Se a tendência for subir na vida, certamente que os evangélicos serão quem pontua mais baixo. Até pessoas que vieram de comunidades cristãs humildes sentem uma pressão para se sofisticarem teologicamente. Os evangélicos, como os pobres do cristianismo, representam uma embaraçosa casa de partida que deve ficar para trás.

Na nossa ausência de provas, sinais, liturgias, sucessos, triunfos, farturas, ficamos reduzidos à essência evangélica: a fome. A nossa obsessão pelo Apocalipse é sinal dessa vontade de comer porque o que temos aqui de Jesus já é considerável mas não chega. Por isso mesmo, o próprio Paulo assumia que estava pronto para ir ao encontro do Senhor e que, em comparação com esse momento, esta vida era uma porcaria (Filipenses 3.8). Um cristão paulino é um cristão insatisfeito com esta vida. Um bom evangélico não pode estar de bem com a existência. Não fomos feitos para nos darmos bem.

Não nos envergonhamos da ausência de Jesus por enquanto porque ela está a alimentar a nossa fome de o encontrar. A nossa certeza de que Jesus não nos abandona tem a forma da esperança. O fato de não ganharmos campeonatos da presença de Deus, o fato de não ganharmos campeonatos de influência, o fato de não ganharmos campeonatos de poder apenas confirma a nossa bendita ineficácia visual. O que nós temos é a palavra aberta onde nos derramamos completamente. Todo esta entrega ao que Deus diz é uma fome exercida em louvor. O nosso louvor é a nossa fome de Deus, e o nosso louvor é a nossa saudade dele. Nunca nos envergonhemos da nossa fome e da nossa saudade — afinal, andamos por fé e não por vista.

APÊNDICE

O EXCESSIVO ABC DO NERD

Uso este apêndice para despejar o que não tive o talento para saber integrar no texto principal. Talvez esta seja a parte mais divertida do livro. Ou talvez seja aquela que, de fato, deveria ter ficado de fora. O leitor entre nela por sua conta e risco.

A DE ANTICATEDRAL

Em 2023 escrevi no jornal *Observador* uma espécie de manifesto. Chamei-o de "Uma espécie de manifesto por uma estética cristã do obscuro". Vai assim.

Num tempo em que quase o mundo inteiro era analfabeto, eram as igrejas os livros que as pessoas podiam ler. A religião não era apenas a fonte do saber, era o próprio saber. Christopher Frayling explica isso em *Strange Landscape: A Journey through the Middle*

Ages. O peregrino chegava, por exemplo, à abadia de Vézelay, em França, construída entre o século 11 e 12, e "podia ler este espaço como um livro tridimensional: as paredes eram as capas, as esculturas gravadas e os relevos e os detalhes eram o texto. O propósito principal da arte — toda a arte — era reproduzir, através de meios humanos, as regras e estruturas por trás da ordem do universo, uma ordem onde cada imagem refletia, ou referia, uma outra imagem numa infinita parede de espelhos com Deus ao centro".

Num mundo que não sabia ler, o cristianismo era a melhor alfabetização. As coisas eram caóticas e a fé dava a pouca ordem que podia existir. Frayling explica, por isso, que competia à arte medieval revelar luz. Só quando os artistas veiculavam o *splendor veritatis*, atingiam o seu objetivo. Lá está: se é de claridade que se procurava, então o ambiente era de escuridão — vivia-se às escuras. A ironia é que uma das vantagens das trevas geralmente associadas à chamada Idade Média era o destaque com que sobressaía o luminoso.

À medida que o mundo se foi iluminando sem precisar de Deus como o critério organizador, como a Idade Média precisava, dissiparam-se as trevas. Não foi por acaso que a palavra alemã *Aufklärung* anunciou uma nova dispensação de claridade, ou

Iluminismo, como geralmente lhe chamamos. Deixem o sol entrar, se faz favor, pediu a História e, alegadamente, assim aconteceu.

Os três parágrafos anteriores simplificam bastante o passar dos tempos. Mas captam, creio, a condição irônica de quem hoje, crendo no velho princípio unificador de Deus, não o tem em consenso mas em contrassenso. Se o mundo se iluminou sem Deus, crer nele virá pintado de preto. Os crentes não contrastam hoje com as trevas, contrastam com a luz — não lhes cabe anunciar a chegada do sol que já todos tomam como seu, mas a chegada da noite que ninguém quer atravessar. Torna-se, portanto, contraditório os cristãos continuarem a querer ser luminosos numa época já excessivamente clara.

Guardar a fé é absurdo diante da autonomia que conquistamos da figura de Deus. Precisar de Deus? Então não conquistámos a condição de não precisarmos de mais ninguém exceto nós próprios?! Não por acaso, a religião passou a ser vista como um obscurantismo, uma paixão pouco saudável com um estado de coisas por iluminar. Quem abrirá a janela a esta gente que se fechou no capítulo errado da História?

Os crentes que enfatizam a luz levam, por isso, areia para a praia. É também por isso que todos os misticismos contemporâneos, mais do que trazerem algo de novo, insistem no repetitivo. Não há nada de propriamente particular num misticismo cristão quando qualquer ateu se pode especializar em iluminações intelectuais progressivas. É nesse sentido que vale a pena notar que o mundo não precisa de mais luz mas de mais trevas — abracemos, portanto, o paradoxo. A nossa cegueira é a que vem do excesso de exposição solar. O contraste artístico está agora no escuro. Ao invés de iluminar, cabe aos artistas com Deus obscurecer.

Confundir é preciso porque as pessoas andam demasiado esclarecidas, tomadas de claridade. É preciso encontrar uma redentora pinga de obscuridade nestas alvuras totais. E é preciso dilatar esse milímetro mínimo de escuridão. É necessário que a alma tocada por Deus toque todos os outros com o breu. É o momento da arte dos cristãos ser hoje o oposto da velha catedral, feita livro para os analfabetos. A catedral era um exemplo de canalização da luz quando a vida era escura, mas numa iluminada o assunto inverte-se. As novas edificações cristãs precisam estragar a inteligência instantaneamente adquirida pela maioria dos cidadãos.

Se num mundo de pecado original os cristãos levavam as pessoas das trevas para luz, hoje, em que somos todos originalmente santos, os cristãos precisam levar as pessoas da luz para as trevas. Cabe ao cristianismo ser o novo espaço anticatedral. O problema agora não é as pessoas não saberem ler; é lerem demais. Se a nossa forma atual é a da informação, deformar é a ética mais elevada. É tempo de nos devolvermos ao privilégio do obscuro.

B DE BARTH, KARL BARTH

Barth sabia: "o misticismo é ateísmo esotérico". O místico, ao deixar de precisar ser religioso, vive parasiticamente daquilo que diz abandonar. O místico gosta de se promover acima do cristianismo entediante da maioria mas sem essa fé quotidiana e comum, contra qual ele quer contrastar, ele perde a pertinência. Do mesmo modo como os superapóstolos esnobavam Paulo, os místicos esnobam quem não vê o que eles veem, quem não sente o que eles sentem, quem não sabe o que eles sabem. Barth sabia que o místico é, além da fumaça no palco, o mais puro burguês do liberalismo teológico.

C DE "CHEGA DE ALEGRIA, PRECISAMOS DE SAUDADE"

Na Páscoa de 2024 a minha habitual crônica para o jornal português *Observador* tinha esse título. Na prática, esse texto é um antepassado deste livro. Ainda que não tivesse essa noção à altura, resumia parte do argumento que estas páginas expandem. Passo a citar: "Os protestantes não ritualizam a Páscoa como os católicos [...]: também é por Jesus não poder estar assim tanto conosco nos rituais que desejamos que ele regresse. [...] Os católicos têm tanto de Jesus nos seus rituais que, de certo modo, podem cair na tentação de não precisar do seu regresso físico. Nós, os protestantes, assumimos a nossa orfandade de presença de Jesus e é por isso que mais facilmente temos o olho no fim do mundo. A nossa religião, por ser mais vazia do que a católica, deixa-nos com uma religião intencionalmente incompleta. Precisamos que Jesus venha mesmo porque o Jesus que temos na Igreja não nos chega. Logo, celebrar a Páscoa é fantástico mas não nos substitui a ausência de Jesus conosco. O túmulo está vazio e isso alegra-nos mas, ao mesmo tempo, também nos mostra que o mundo inteiro é um túmulo vazio. Jesus ainda está por voltar e dar a esta terra o preenchimento de que ela precisa. Até a festa da ressurreição traz consigo uma saudade e uma ânsia pela segunda vinda [...]. Que a nossa festa cristã não nos deixe assim tão contentes. Chega de alegria, precisamos de saudade".

D DE DREHER, ROD DREHER

Sigo o escritor norte-americano Rod Dreher há mais de uma década. Na Igreja da Lapa em Lisboa estudamos com proveito durante um ano o livro *A Opção Beneditina*. O percurso religioso dele serve de premonição a tendências que se instalaram visivelmente nos últimos anos: abandonou o contexto metodista da sua infância para se tornar católico e finalmente se tornou ortodoxo. O seu último livro, que ainda não li, chama-se *Living in Wonder: Finding Mystery and Meaning in a Secular Age*. Resumindo muito, a tese de Dreher tem sido a necessidade de reencantar um mundo ocidental que se tem afastado de Deus. Apesar de não querer alienar os seus leitores protestantes, Dreher considera a Reforma um dos fatores que tragicamente dessacralizou a sociedade (tese defendida de modo mais sofisticado e elegante por Charles Taylor em *A Secular Age*). Apesar do muito que tenho beneficiado da leitura de Dreher ao longo dos anos, cada vez mais me convenço que a resposta bíblica é a oposta: o mundo não precisa ser reencantado mas obscurecido. A melhor luz que os cristãos devem assumir publicamente é não esconder as suas trevas. A tese do reencantamento sofre de uma idealização estética de um suposto passado brilhante da cristandade, passado esse que só sobrevive na imaginação de quem espera demais do testemunho da história.

E DE EMOJIS
Crente protestante que é crente protestante obviamente não usa emojis. Se cada pessoa é feita à imagem de Deus, os emojis que devemos usar para as nossas emoções somos nós mesmos. Usar emojis, além de inestético, é inético.

F DE FREDERICH BUECHNER
Frederick Buechner foi um escritor e pastor presbiteriano norte-americano com pouca paciência para místicos. Escrevia que a "fé é diferente do misticismo porque os místicos, no seu êxtase, tornam-se um com aquilo que a fé, na melhor das hipóteses, só consegue ver longe". Logo, escritores devocionais tradicionalmente admirados, como Kathleen Norris, Henri Nouwen, Thomas Merton, entre outros, não o comoviam. Penso um dia escrever um livro chamado *Contra o mistério* onde, usando a experiência de Buechner e outros, exporei por que razão o único misticismo contemporâneo acessível ao cristão é o das trevas e não da luz. O melhor místico que o evangélico pode ser é o antimístico.

G DE GURUS

Os evangélicos precisam se livrar de gurus. Gurus fazem sentido para comunidade à volta de grandes crânios, de grandes ideias, de grandes pretextos. O movimento evangélico é, por natureza, popular e a criação de uma elite de iluminados é inevitavelmente uma traição à causa. Isso não significa que a multidão é canonizada (São Kierkegaard nos valha!), mas que é impossível o lucro oportunista de quem se acha rei em terra de cegos. Pregadores que veem o que o povo é demasiado míope para observar, não merecem o nosso apreço mas o nosso adeus.

H DE HARMONIA

Há excesso de harmonia na mensagem que os cristãos procuram transmitir ao mundo. Urge reabilitar a crise como um valor mais prioritário no testemunho público da nossa fé. Cristãos demasiado harmoniosos confundem-se com o próprio salvador que julgam promover.

I DE INVISÍVEL

As igrejas evangélicas precisam se tornar mais invisíveis. Os nossos tesouros devem perder a nitidez para o mundo. As pessoas devem olhar para nós intrigadas, sem terem a mínima ideia acerca do valor que possamos ter. A nossa função é merecer a ignorância do sistema, não a sua admiração. Os protestantes devem saber regressar aos buracos de onde saíram, aos lugares que nada são. Temos de nos arrepender dos palcos que temos conquistado. Aqueles que são guiados pelos olhos precisam de descobrir em nós o nada. Amém?

J DE JEAN BAUDRILLARD

Jean Baudrillard foi um filósofo francês que na segunda metade do século 20 devotou boa parte da sua vida a pensar sobre a cultura contemporânea e da nossa dependência das mídias. Num livro obrigatório chamado *Simulacros e simulação*, de 1981, sugere que vivemos tão guiados pela tecnologia de informação que a realidade já não é a realidade mas a hiper-realidade. A nossa vida já é mais a representação dela do que a vida mesmo. Logo, já vivemos mais nos mapas que desenhamos do que no lugar real: daqui procede uma existência baseada em simulacros. Se antes cabia ao iconoclasta preservar o louvor a Deus não lhe usando a imagem (o segundo mandamento), agora a sociedade moderna é iconólatra: quanto mais imagens tentam de Deus, mais lhe declaram a morte. Os evangélicos deveriam compreender a pertinência da crítica de homens como

Baudrillard porque é suposto ser o povo protestante a guardar-se de confiar demasiadamente nas tecnologias digitais atuais. Há uma analogia inesquecível em *Simulacros e simulação*: "A Disneylândia existe para esconder que é o país 'real', toda a América 'real' que é a Disneylândia. [...] O mundo quer-se infantil para fazer crer que os adultos estão noutra parte, no mundo 'real', e para esconder que a verdadeira infantilidade está em toda a parte, é a dos próprios adultos que vêm aqui fingir que são crianças para iludir a sua infantilidade real". Até que ponto as nossas igrejas não se têm rendido ao mesmo tipo de entretenimento para manterem as exigências da vida cristã fora das suas portas?

K DE KINGSNORTH, PAUL KINGSNORTH

O escritor inglês Paul Kingsnorth tem profetizado o apocalipse vindouro no sinistro advento da máquina ("the Machine", como ele diz). A sua tese fundamental é que a selva mais perigosa que existe já não é a natureza que não conhecemos, mas a ciência que cultivamos. Logo, a sobrevivência mais urgente não é aquela que precisam pessoas abandonadas em lugares inóspitos do planeta, mas a necessária à maioria que está automaticamente servida dos grandes consolos tecnológicos. É como se os papéis se tivessem invertido e a nossa tarefa se tornasse salvarmo-nos da civilização. Se éramos primitivos quando tínhamos de sobreviver à natureza construindo casas, cidades e culturas, hoje estamos de volta a ser primitivos para sobreviver às casas, cidades e culturas que construímos. Se antes nos salvávamos pela cultura, agora precisamos nos salvar dela. Precisávamos antes saber para sobreviver, agora precisamos de uma vida que se livra de todo o saber que acumulamos. A pedagogia de Kingsnorth é afastarmo-nos da dependência tecnológica excessiva dos nossos dias e cultivarmos uma fé que, paradoxalmente, regressa aos bosques reais que nos cercam. Por se ter convertido ao cristianismo ortodoxo, há em Kingsnorth muita tendência mística que não me convence, mas os seus textos são sempre abençoadamente desafiadores.

L DE LED

As igrejas evangélicas que se rendem à iluminação das telas de led podem, mais cedo do que julgam, estar a reencenar o momento de "mene, mene, tequel, parsim" de Daniel 5. Do mesmo modo como o rei Belsazar teve de ouvir de Deus que "pesado foste na balança e foste achado em falta", o nosso excesso de espetáculo dominical deveria assustar-nos. Cuidado com o que projetamos nas paredes das nossas casas de oração, sobretudo quando elas se rendem a serem guiadas pelos olhos. Um momento de reflexão e contrição necessária, para todos os crentes que andam a promover serviços de culto baseados no olhar, seria distribuir vendas às pessoas quando entrassem na igreja. As nossas comunidades precisam de providenciar santuários para os nossos olhos, cansados de tanta hiperatividade.

M DE MARÍLIA DE CAMARGO CESAR

Num artigo recente publicado na Folha de São Paulo, chamado "Evangélicos estão se convertendo ao catolicismo", Marília de Camargo Cesar dispara: "O sacerdote e teólogo católico alemão Karl Rahner previu, em 1971, que o cristão do futuro seria um místico ou então não seria 'absolutamente nada'. O americano Brian Zahnd, em seu livro *Quando tudo está em chamas* (Mundo Cristão), concorda com essa 'profecia' de Rahner e acrescenta que a 'religião que reside unicamente no intelecto é incapaz de sustentar a fé em nossa época desiludida'". Rahner e Zahnd acertam na mosca e, por isso, estão completamente errados. Que, de fato, o cristão do futuro (e acrescentaríamos o do passado e do presente) querem uma fé que se mostre, de preferência com poder e persuasão, é indisputável: mas esse é o problema e não a cura. Quanto mais místico o mundo quer ser, mais nãos teremos de ouvir de Deus para nos satisfazermos apenas da sua graça.

N DE NIHIL

Nihil quer dizer nada e deveria ser uma palavra menos assustadora. É quando assumimos o nihil que somos que Cristo pode ser o nosso tudo. Talvez possamos falar de um apropriado nihilismo cristão.

O DE *OVERSTATEMENT*, INGLÊS PARA "EXAGERO"

Na prática, *overstatement* não corresponde inteiramente ao "exagero" português. *Overstatement* tem mais a ver com afirmar alguma coisa com excesso. Nessa medida, devo dizer que não acredito em afirmar alguma coisa sem exagero. Depois do Gênesis 3, uma comunicação humana sem exagero não é possível. Pelo fato de ser também um pregador, só sei afirmar seja o que for com excesso. Tudo o que um pregador faz resume-se à arte da ênfase, uma vez que toda a invenção ou real criatividade pertence a Deus somente. Este livro ou qualquer coisa que comunique têm de ser lidos à luz do *overstatement*. Pega-se numa verdade e enfatiza-se, simplifica-se, exagera-se. Se tivermos noção disso, será mais fácil aceitarmos com benevolência o que nos outros nos parece inaceitável.

P DE PETERSON, JORDAN PETERSON

Jantei com Jordan Peterson no dia 17 de outubro de 2023. Não foi um jantar a dois, claro. Numa mesa de cerca de vinte pessoas, cada uma pôde apresentar-se e dialogar um pouco com o pensador canadense. O que lhe quis dizer? Disse-lhe que, acima dos muitos bons conselhos dos seus livros e discursos, o seu maior impacto em mim tem sido sofrer em público. O fato de quase ter morrido deprimido há uns anos, o fato de facilmente chorar em público, o fato de trazer no olhar um reflexo de quem já viu o inferno, são os fenômenos que o tornam realmente raro. A força de Jordan Peterson não está em ajudar a reconstruir uma suposta civilização cristã, mas em não esconder as trevas que o importunam. Eu estava nervoso quando tentei transmitir-lhe esta mensagem. No final, tiramos uma fotografia juntos, provavelmente a coisa menos calvinista que poderíamos ter feito…

Q DE QUASE SÓ DIABOS E DEMÔNIOS

A frase é, novamente, de Ellul: "a escultura é cristã quando se limita ao que pode ser mostrado: diabos e demônios". Deveríamos generalizar o princípio além da escultura. As únicas imagens que os cristãos deveriam usar seriam daquilo que, sendo reproduzido, não tem dignidade que possa ser blasfemada. Logo, a nossa especialização deveria ser dos tais diabos e demônios. São as realidades satânicas as que precisam de ser envergonhadas através de imagens que as desrespeitam. Tudo o resto é para ser respeitado na excelência da iconoclastia.

R DE ROBINSON, DE MARILYNNE ROBINSON

No livro *The Giveness of Things*, a escritora norte-americana diz que a Reforma Protestante foi contra "a exclusão da grande maioria das pessoas de poder participar nos assuntos mais fundamentais que preocupavam a cultura de que faziam parte". Nesse sentido, os pensadores reformados lutaram contra o próprio privilégio que lhes era dado, ao serem homens dedicados ao pensamento. Traduzir, publicar e facilitar ao povo o seu esforço intelectual eram partes fundamentais dessa luta — assim a Bíblia foi vertida para as diversas línguas como uma espécie de documento subversivo, em que a matéria dos intelectuais se tornava a matéria dos não intelectuais. Se tivermos em conta, por exemplo, a pobreza do tempo de Tyndale, é impressionante que ele se esforçasse para tornar a Escritura acessível à gente francamente miserável que tinha à sua volta. A nossa tendência atual é separar os bens materiais dos recursos intelectuais, mas os reformadores (e protorreformadores) não compravam essa dicotomia. A palavra é tudo o que temos, enquanto evangélicos, e a recusa da divisão entre clero e povo, entre iluminados e por iluminar, entre superapóstolos e os outros é uma tradição valiosa. "Pode dizer-se que o caráter livresco da Reforma se generalizou para se tornar uma expectativa de que toda a Criação pode ser lida. Essa consciência da revelação, escriturística e natural, ser essencialmente disponível para todos, permeia todo o pensamento Reformado." O que se vê é o que se lê, diríamos. Se não dá para ser lido, não dá para ser visto. Os protestantes não precisam se envergonhar por não trazerem nada além do texto bíblico.

S DE SLOTERDIJK, PETER, E LUTERO, O GRANDE REDUTOR

Peter Sloterdijk é um filósofo alemão instigante mas denso e por vezes quase impenetrável. No ensaio

"Pode afirmar-se o mundo?" do livro *Depois de Deus*, afirma que "a Reforma parte de um espírito de desespero temperado. [...] A doutrina luterana exige do crente uma prestação extrema de arrependimento e, ao mesmo tempo, explica-lhe que não pode produzi-lo por si mesmo. [...] No essencial, Reforma coincide com redução — a dúvida da salvação converte-se em certeza de tê-la conseguido". Sloterdijk diz que Lutero seria hoje considerado neurótico, "democratizando o estado de meio desespero" e reduzindo "o culto [...] à interiorização do contacto com o Altíssimo". A ética luterana será, nesse sentido, uma corajosa assunção de que o papel do cristão não é suplementar nada mas, pelo contrário, aceitar a simplificação radical do seu estado de impotência diante de Deus, de onde procede uma graça em que redenção rima com redução.

T DE TAYLOR, CHARLES TAYLOR

Num livro imenso chamado *A Secular Age*, o autor católico admite a atração que hoje muitos sentem pelo catolicismo, como uma espécie de resolução dos males da nossa Era Secular, ou da nossa Era da Autenticidade — essa atração vem em modo de nostalgia. Pessoalmente, gosto de chamar esse novo charme romano de Neo-Tomismo-Triunfalista, um regresso a um suposto mundo encantado, anterior aos estragos que são apontados aos protestantes, que possa até "re-territorializar" espiritualmente a Europa e o mundo ocidental, atenuando ou mesmo eliminando a atual "cacofonia religiosa" (para usar dois termos de Enzo Pace). O problema é que o Neo-Tomismo-Triunfalista idealiza o passado (como se a fé dos pré-modernos fosse mais fé do que a nossa), e idealiza o presente (como se a nossa fé fosse mais fé se se livrasse do nosso contexto contemporâneo). Nesse sentido, permitam-me a opinião de que as conversões ao catolicismo, mais do que serem a favor de Cristo, são contra o mundo moderno. Taylor diz que essas conversões ao catolicismo são "uma receita para um tipo de conservadorismo que enfatiza que as fontes mais profundas da cultura europeia estiveram no cristianismo". Essa receita quer funcionar como uma espécie de antídoto para o relativismo moderno, podendo na sua forma mais radical demonstrar hostilidade até ao próprio sistema democrático. É um pacote sedutor mas muito perigoso, diz Taylor, porque até essa nostalgia é um produto da modernidade que quer criticar — estamos, afinal, a fazer um buffet moderno do passado, selecionando o que nele nos interessa para deixar de parte o que colocar em causa essa disneyficação da história.

U DE URGÊNCIA ICONOCLASTA

É urgente as igrejas evangélicas deixarem de promover imagens da congregação nas suas redes sociais. Ainda não sou capaz de chegar à sugestão mais iconoclasta de todas que seria o abandono das redes sociais. Mas estar nas redes sociais promovendo imagens da igreja é, ainda que conscientemente, chamar através dos olhos para uma fé dos ouvidos — não faz qualquer sentido.

V DE VON BALTHASAR, HANS URS VON BALTHASAR

No livro *O cristão e a angústia* Balthasar critica o protestantismo por excesso dela: Lutero "não quis admitir nem uma verdadeira emancipação da angústia do pecado, nem uma autêntica participação na angústia da cruz do Senhor". Assim, permaneceria na angústia natural, a da psicologia. Também Calvino, segundo Balthasar, cai "nesta concepção profundamente individual da salvação humana, que exclui uma fundamental solidariedade". Balthasar irá mais longe. "O católico não pode limitar-se a considerar a redenção como um facto objetivo, consumado na cruz e do qual basta que o crente tome conhecimento para beneficiar dos seus efeitos: a redenção para se tornar subjetiva exige participação e apropriação; por isso o caminho da angústia do pecado para uma angústia redentora é um verdadeiro progredir — jamais o crente que foi assumido pela graça da angústia da cruz poderá ver-se a si mesmo numa unidade com o Redentor e contraposto aos pecadores". Para Balthasar, precisamos viver solidariamente a angústia dos outros, para demonstrar que nos apropriamos do grau certo de angústia que é dado ao cristão, sem, por outro lado, cometer a ousadia de nos acharmos objetivamente unidos a Cristo pelo efeito absoluto do seu sacrifício por nós na cruz. Resumindo: somos, os protestantes, presos por ter cão e por não ter: por um lado, continuamos demasiado angustiados psicologicamente pelo nosso alegado excesso de individualismo; por outro, somos demasiado presunçosos por acreditarmos que estamos objetivamente unidos a Cristo graças à sua expiação da cruz. Com tudo o que beneficio da leitura de autores católicos, sei que alguma coisa estamos a fazer certo quando a nossa perturbação interior faz parte do nosso testemunho público. Ou, dito de outra maneira: é bom que o fato de sermos tão perturbados continue a perturbar.

W DE *WISE BLOOD*, LIVRO DE FLANNERY O'CONNOR

Este é um livro absurdamente lúcido acerca do recreio teológico que o protestantismo do sul dos Estados Unidos é. A personagem principal chama-se Hazel Motes, pregador de uma nova crença, coisa típica americana, mas o seu evangelho é distinto: a Igreja sem Cristo. Afinal, para esse estranho pastor "a forma de evitar Jesus era evitar o pecado". É muito divertido ser evangélico e ler *Wise Blood*, topando a paródia evidente feita aos excessos do protestantismo. Mas Flannery não odiava os protestantes. Com quem ela implicava seriamente era com a moderna falta de fé e era dela que fazia pouco, ainda que a pretexto do seu cenário evangélico sulista. Hazel quando oficializa o início do seu ministério evangelístico acaba, no fundo, a pregar a incapacidade de a Europa aceitar um conceito como o de pecado: "para os redimidos nunca há paz. Eu prego a Igreja sem Cristo, a igreja em paz e satisfeita". Flannery O'Connor deveria ser teóloga obrigatória para qualquer protestante. O seu catolicismo trocista mas terno é uma bênção.

X DE XEROXIZAÇÃO DA FÉ

Viver a fé guiado pelos olhos é, em vez de nos

conhecermos como imagens reais de Deus, conhecermos-nos como xeroxes uns dos outros. O equilíbrio é delicado e precioso: só sendo guiados pela palavra teremos uma visão curada, realmente aberta para as diferenças existentes naquilo que é criado pelo verbo divino.

Y DE YAGO MARTINS

Eu e o meu amigo Yago tínhamos combinado escrever um livro sob o auspicioso assunto de "Não quero uma igreja chique". O plano era, principalmente a partir da Carta aos Hebreus, fulminar a terrível tentação que tantos protestantes hoje sentem de quererem competir no campeonato da reputação histórica e intelectual. O livro não avançou porque o meu amigo Yago, com agenda demasiada sobrecarregada, decidiu escrever outro livro no lugar desse (já o perdoei). Para ser sincero, este *Os três nãos de Deus* também serve para destilar alguns dos assuntos que tinha reservado para esse projeto. A questão é que eu já tinha começado o livro com uma carta que escrevia ao Yago, assumindo eu o papel do pastor mais velho e impaciente que conversa com o pastor mais jovem e esperançoso. Deixo aqui essa carta, até para os leitores poderem imaginar o livro magnífico que teria acontecido se no Yago não se tivesse distraído e assim ficar impresso o meu desejo de lhe aumentar o remorso.

"Meu caro Yago!

Não leves a mal que assuma nestas cartas o tom de um ancião sábio que, na verdade, não sou. Mas tendo idade para ser teu pai, atura-me como se fosse alguém assim, digno de reverência. Afinal, esta correspondência serve também para isto: meter duas gerações diferentes a pensar o que me parece ser uma tendência a tornar-se única. E essa triste tendência é a de nós, evangélicos vindos do povo, nos querermos maquilhar como se fôssemos alta sociedade. Que triste moda a destes dias, meu irmão…

Não julgues que este que te escreve é estranho ao pecado da vaidade. É, na verdade, dos que mais me atormentam desde que me conheço. Se houvesse um ranking de narcisistas entre os pregadores de língua portuguesa, suspeito que lamentavelmente eu pudesse chegar ao pódio. Talvez uma consolação que daí venha seja precisamente a de conhecer os cantos da casa, quando é na paragem da vaidade que nos hospedamos. E tenho sentido, sinceramente, que nós evangélicos andamos a cortejar esse vistoso mas vicioso domicílio da ostentação.

Na base de nos querermos emperiquitar está uma falta de contentamento, creio. Estamos fartos do prato da palavra como o povo no Êxodo se queixava da comida do milagre que o maná era. Ao contrário do que julgamos, até os milagres se podem tornar enjoativos. Pior do que precisar de milagres é tê-los com ingratidão. E nós, evangélicos no início do século 21, temos chegado a essa infeliz medida do descontentamento. A dieta do milagre que é dependermos só da palavra já não satisfaz o nosso apetite. Estamos ansiosos por viver de sobremesas.

Sei que passei demasiado rápido da metáfora da maquilhagem para a metáfora da mesa. Mas, por muitas metáforas que use, mais ou menos apropriadamente, o exagero maior está na rejeição implícita do nosso antigo sustento. Ao escrever isto, não tenho a presunção de achar que os problemas do presente estavam ajustadamente arrumados no passado. Nunca houve um tempo perfeito sobre outro (aliás, sobre isto intento escrever-te mais à frente). O sustento dos evangélicos sempre foi a sua ausência de artifícios. O nosso modo de ser sempre foi o nosso modo de subtrair.

Já pensaste nisto, meu caro Yago? O paradoxo evangélico sempre foi a subtração. O nosso talento sempre foi o de reduzir e nunca o de acumular. Desde que tivéssemos a palavra, prescindíamos de qualquer brilho extra. Desde que comêssemos o pão, a mesa ficava livre. Sempre preferimos ter mais povo no pão a ter mais talheres para os ilustres. E vê-nos agora aqui chegados, a este momento em que apetrechamos os nossos cultos, engordamos os nossos cardápios, ganhamos espaço no respeito das elites. Uma grande fome virá desta fartura, estou certo.

Mas não quero terminar esta primeira carta como profeta da desgraça. Tu, que tens convivido comigo nos últimos anos e que pudeste viajar a Portugal recentemente, conheces o talento dos portugueses para a tristeza. Sai-nos do pelo com toda a naturalidade. Mas o meu compromisso último não é com o país onde nasci mas com o Pai que me adotou — nascer num país é banal, nascer de novo graças a um Pai é que é divino. Por isso, esforço-me por uma nota última de esperança. Preciso de toda a ajuda para isso e tenho toda a ajuda para isso.

Todas as comidas podem, de um jeito ou de outro, apodrecer. Sabes o que não apodrece, Yago? A fome. Diz a grande poetisa do teu país, a Adélia Prado: "Não quero faca, nem queijo. Quero a fome". O nosso melhor futuro, enquanto evangélicos, é sabermos isto, de sermos esfomeados. Num certo sentido, não celebramos as fartas refeições que os nossos cultos são, mas as fomes que nem eles conseguem matar. É pelo pão ser a palavra que até quando ela é partilhada, dizemos: queremos mais. O nosso culto tem de alimentar ao mesmo tempo que deixa uma fome para o culto final, já na Nova Jerusalém. A nossa adoração também pressupõe um atraso, de ser já feliz no que nos falta.

O paradoxo da fome atendida mas não aniquilada: Jesus já está conosco mas também ainda está por estar.

Recebe o abraço deste velho amigo,

Tiago."

Z DE ZANGA

Este livro é uma zanga contra o que me parece ser uma implícita desvalorização de Jesus num ambiente de guerra cultural. Sim, Jesus é desvalorizado quando fica dependente de uma vitória cultural daqueles que creem nele. Sei que simplifiquei demais ao longo destas páginas, mas, se o fiz, é porque quero que o meu amor por Jesus seja o que mais simples existe em mim.